Christina Tabbert-Trebing

„Wechsel“-Schritte

Mein Weg durch die Wechseljahre

Loslassen,
Mutig deinen Weg gehen
Wertschätzen,
was dich ausmacht

Wort im Bild

Best. Nr. 878.788 • ISBN 978-3-88654-788-3

Christina Tabbert-Trebing, Wechsel"Schritte" - Mein Weg durch die Wechseljahre
Loslassen - Mutig deinen Weg gehen - Wertschätzen, was dich ausmacht

Herzlichen Dank an den Echter-Verlag (Würzburg) für die Abdruckgenehmigung der Gedichte von Ingrid Schreiner aus dem Buch „Achterbahn der Lebensmitte".

Druck: Wort im Bild printcenter, Altenstadt/Hessen •

Vorwort

Dieser Winter war düster, kalt und grau. Die meisten Menschen klagen über diesen Lichtentzug, sind müde, deprimiert und niedergeschlagen. Auch mir ging es an vielen Tagen nicht so gut. Doch ich muss gestehen, etwas ist anders in diesen ersten Frühlingstagen, die noch nicht wirklich frühlingshaft sind.

Frühlingserwachen im Herbst unseres Lebens

Ich spüre nach vielen Jahren, dass ich ihn geschafft habe - diesen Weg durch meine ganz persönlichen Wechseljahre. Durch Höhen und Tiefen bin ich gewandelt, auch wenn ich manchmal so verzweifelt war, dass ich dachte, ich schaffe es nicht mehr.

Doch nun stehe ich da und spüre, dass es heller, lichter um mich herum wird. Ich habe Klarheit gewonnen, weiß wer und warum ich bin. Das ist ein großartiges Gefühl, nach Zeiten von Fragen, Zweifeln und Festhalten wollen.

Ich schaue in den Spiegel und sehe mich runder geworden, doch nicht nur physisch, sondern auch seelisch. Ich bin gereift und gewachsen. So geht es den meisten Frauen, die sich einlassen auf das Abenteuer Wechseljahre.

Wechseljahre sind wie die Pubertät eine Wachstumskrise. In der Pubertät werden wir auf unsere biologische Mutterschaft vorbereitet. Nun tritt diese Möglichkeit in den Hintergrund und wir müssen loslassen, um zu entdecken, was uns sonst noch ausmacht.

Wir werden uns trennen müssen von Liebgewordenem. Leben bedeutet immer Veränderung und Wachstum. Doch in keinem Lebensabschnitt werden wir so viel loslassen und verabschieden wie in der Zeit der Wechseljahre. Keiner fragt uns, ob wir wollen oder können. Die Dinge passieren und wir müssen es akzeptieren. Oft sehen wir noch nicht, was danach kommen kann und das macht Angst. Deshalb appelliere ich in meiner Arbeit mit Frauen immer: Lasst uns zusammenhalten und uns gegenseitig unterstützen, dann schaffen wir es und werden gestärkt aus dieser Zeit heraustreten. Durch die Freiräume, die entstehen, wird Raum geschaffen für unsere eigene Reise zu uns selbst, zu unseren Potentialen und innersten Sehnsüchten und Aufgaben. Wir werden auf unser Leben zurückschauen, Bilanz ziehen und feststellen, dass dieses Mädchen in uns nie verloren geht. Jetzt ist die Chance, das Leben noch einmal anzupakken und voll zu genießen. Wir werden staunen, welche Türen sich öffnen können, wenn wir den Mut haben, zu uns und unseren Bedürfnissen zu stehen.

Wechseljahre sind wie die Pubertät eine Wachstumskrise

Doch bevor die Reise beginnt in das Abenteuer „reife Frau“, werden wir viele Menschen und Situationen loslassen müssen. Gemeinsam schaffen wir es besser. Ein Drittel aller Frauen spürt kaum etwas von den Wechseljahren. Herzlichen

> *Je älter man wird,*
> *desto ähnlicher wird*
> *man sich selbst.*
> *Maurice Chevalier*

Glückwunsch. Genießt die Zeit! Vielleicht habt ihr ein paar offene Arme und Ohren für die Frauen, die zu den zwei Dritteln gehören, denen es nicht so gut geht in dieser unverwechselbaren Zeit. Ich habe in den letzten zehn Jahren viele Frauen begleitet in meinen Beratungen, Seminaren, Gesprächsgruppen und Vorträgen. Wertschätzung ist das Wichtigste, was sie brauchen. Gottes Hilfe ist uns gewiss. Ihr seid o.k., so wie ihr seid. Gott begleitet euch auf dem Weg, wenn ihr ihm vertraut. Es ist schön, diese Gewissheit zu haben.

Christina Tabbert-Trebing

Foto: Christian Trebing

Inhalt

Einleitung

Als ich 30 war, dachte ich, diesen Lebensabschnitt erleben nur alte Frauen, die wenig für sich getan haben.
Als ich 40 wurde, merkte ich, dass in mir und um mich herum vieles anders wurde.
Als ich 50 wurde, hatte ich begriffen, welchen Sinn die „Wechseljahre" haben und dass sie viel mehr sind, als ein hormoneller Umstellungsprozess.
Jetzt, mit 56, versuche ich zu ernten, was mich die Erfahrungen aus diesem Prozess gelehrt haben.
Ich wünsche allen Frauen, die den Weg durch die Wechseljahre noch vor sich haben, viel Mut, gute Freundinnen und den Glauben daran, dass wir geführt und gehalten sind, auch in stürmischen Zeiten.

Wenn heute von „Wechseljahren" berichtet wird, dann stehen Befindlichkeitsstörungen wie: Hitzewallungen, Stimmungsschwankungen, trockene Schleimhäute, Schlafstörungen und Gewichtszunahme im Fokus. Nach dem Motto: „Hormone werden es richten", glauben viele Frauen, dass der Hormonmangel Schuld an den Schwierigkeiten in den Wechseljahren ist.
Und schließlich kann man (frau) ja selbst viel dagegen tun, dass all diese Schwierigkeiten nicht gerade uns treffen. Mit gesunder Ernährung, Sport, geistiger und geistlicher Nahrung, werden wir die Zeit schon meistern. - So stellte ich es mir vor.
Ich las schließlich jeden Ratgeber, den ich kriegen konnte, pflegte mein soziales Netzwerk und habe schon so manchen

Lebenssturm überlebt. Ich bin offen für Neues und bete jeden Tag. Was kann mir da schon passieren?
Es sollte anders kommen und Gott gab mir die Aufgabe, mich mit dem Thema: „Wechseljahre“ gründlich zu beschäftigen, ich tat es nicht immer freiwillig.
Heute weiß ich warum: Ich selbst merkte ab Anfang 40, dass sich in mir und um mich herum so vieles änderte, dass ich es manchmal kaum fassen und verkraften konnte. Ich kam mir oft vor wie eine Ertrinkende, die versucht, sich an einem kleinen Strohhalm festzuhalten.

Ein Satz hat dabei mein Leben geprägt. Er kam mir immer wieder in den Sinn, ich habe ihn in vielen Vorträgen und Seminaren zum Thema „Wechseljahre“ ausgesprochen: „Keiner fragt dich, ob du willst oder kannst, die Dinge passieren. Du musst dann damit klar kommen.“ Wichtig ist in dieser Zeit, dass du Verbündete hast, die dich verstehen und dir immer wieder Mut zum Weitermachen geben.
So wurde ich auf einen Weg geführt, der mir zeigte, was Frauen in der Zeit der Lebensmitte erleben und verkraften müssen, bevor sie in einen neuen Lebensabschnitt gehen. Ich besuchte Weiterbildungen bei zwei bekannten Spezialistinnen zum Thema Wechseljahre, zunächst bei Brigitte Hieronimus und später bei Julia Onken. Dort am Frauenseminar in Romanshorn in der Schweiz erkannte ich auch, dass in dieser „Wachstumskrise“ auch eine großartige Chance steckt.
Ich habe es mir zur Aufgabe gemacht, für die Frauen einzutreten, die zu den 70 Prozent gehören, die in den Wechseljahren zu kämpfen haben und ein paar offene Arme und auch Ohren brauchen.

Die Wertschätzung gerade dieser Frauen ist mir am wichtigsten, denn das vermissen sie oft in Familie, Berufsleben oder Bekanntenkreis. und auf manch einem Gynäkologenstuhl.

Wechseljahre sind viel mehr als ein hormoneller Umstellungsprozess

Es ist die Zeit der vielen Abschiede und der Möglichkeiten für eine grundlegende Erneuerung. Die Wechseljahre sind wie die Pubertät eine Wachstumskrise, aus der wir gestärkt hervortreten können. Wir Frauen sollten den Mut haben, loszulassen und neue Wege zu gehen, auch wenn wir noch nicht wissen, wohin die Reise geht. Vertrauen, besonders Gottvertrauen, kann dabei lebensnotwendig sein. Gerade in dieser Zeit wird deutlich, wie wichtig auch unser soziales Netzwerk ist.

Impuls

Frauen in den Wechseljahren haben:

gelebt
geliebt
geboren
gegeben
gezweifelt
geweint
gelacht
gehofft
gebetet
gedankt
Und sind gewachsen.

Foto: Fotolia/MykolaMazryk

1. Loslassen

1.1 Abschied von den Eltern - wenn du „Vollwaise“ wirst

Wenn wir Frauen in die Wechseljahre kommen, werden unsere Eltern alt, krank, oft pflegebedürftig und irgendwann ist der Punkt gekommen, wo sie uns verlassen.

Ja, in diesem Alter wird uns bewusst, dass wir geboren werden und sterben müssen. Mit dem Älterwerden unserer Eltern wird uns immer mehr deutlich, dass der Tag des Abschiedes in unmittelbare Nähe rückt. Wir stellen uns vielleicht vor, wie es sein wird, wenn sie gegangen sind und vielleicht wünschen wir ihnen Erleichterung, falls sie leiden.

Doch was es wirklich bedeutet, wenn die Eltern gegangen sind und uns allein zurücklassen, erahnen wir nicht. Wir betrauern nicht nur den Tod der Mutter oder des Vaters, nein, wir betrauern auch all die unausgesprochenen Wünsche und Träume, die wir hatten. Wir betrauern, dass es keine Möglichkeit mehr gibt, zu danken oder um den Segen der Eltern zu bitten.

Als ich begann als Wechseljahreberaterin und Seminarleiterin für Wechseljahre zu arbeiten, lernte ich in einer meiner Gesprächsgruppen Gabi kennen. Sie war eine Frau, die mitten im Leben stand. Sie war berufstätig und hatte eine Familie. Gabi kam immer mit rot geweinten Augen in die Gruppe, weil sie den Tod ihrer Mutter nicht verwinden konnte. Ich nahm sie damals in den Arm und versuchte ihr Trost zu spenden. Auch die anderen Frauen in der Gruppe taten das. Ich konnte es damals nicht wirklich nachvollziehen, dass sie Jahre nach dem Tod der Mutter noch so in der Trauer verhaftet war. Meine Eltern lebten in einem kleinen Dorf in Sachsen-Anhalt. Ich konnte sie noch immer besuchen.

Heute denke ich oft an Gabi, weil auch in mir diese tiefe Trauer Spuren in meine Seele gegraben hat. Ich weine immer wieder, rede mit dem Foto meiner Mutter und habe nur einen Wunsch, so gerne würde ich ihre Hände noch einmal streicheln.

Im Sommer dieses Jahres hörte ich im Radio ein Interview mit dem bekannten Schauspieler Volker Lechtenbrink. Er hat schon früh seine Eltern verloren. Auf die Frage, wie er sein Leben ohne Eltern beschreiben würde, antwortetet er: „Ich bin Vollwaise."

So fühle ich mich auch, seit meine Eltern verstorben sind. Mein inneres Kind sucht Mutter und Vater, denn sie sind unser Ursprung, unsere Heimat und unser Fels in der Brandung. Doch sie sind nicht mehr da. Ich muss allein meinen Weg weitergehen.

Abschied

Wieder Abschied.
Wieder ein Stachel des Todes in meiner Seele.
Es tut weh.
Hilflos und traurig bleib ich zurück.
Mit Verzweiflung in meinem Herzen,
das keine Ruhe findet
und immer nur pocht und pocht und pocht.

Ingrid Schreiner (I)

Foto: Fotolia/Yurij Kulik

Der Tod kann dein Lebensgefüge total aus den Angeln heben.

Die wenigsten von uns sind wirklich auf diesen Abschied vorbereitet, weil es für diesen Schmerz keine Vorbereitung gibt. Ich zog 1993 mit meiner Familie von Sachsen-Anhalt nach Hessen. Ich hatte immer Schuldgefühle, weil ich so weit von meinen Eltern entfernt lebte. So war es für mich selbstverständlich, dass ich bei meinen Besuchen alles tat, um meinen Eltern behilflich zu sein und ihnen Freude zu machen. Ich putzte im Haus, was das Zeug hielt! Ich führte aber auch gerade mit meiner Mutter tiefgründige Gespräche, die uns beiden gut taten.

Mein Vater war schon viele Jahre Dialysepatient, außerdem herzkrank. Wir konnten seinen Verfall beobachten und die Abstände seiner Krankenhausaufenthalte wurden immer kürzer. Meine Geschwister waren vor Ort und kümmerten sich rührend um ihn. Dafür bin ich ihnen sehr dankbar. Ich reiste diese 500 km zu ihnen, wenn es mal wieder Komplikationen gab oder auch zu besonderen Festen. Ich erinnere mich noch gut an den 75. Geburtstag meines Vaters. Er wollte ihn mit der ganzen Familie feiern. So kamen wir zusammen und freuten uns mit ihm. Wir mussten aber auch erkennen, dass er nicht mehr viel Lebenszeit hatte. In seinen jungen Jahren war er sehr dominant und hatte mit Gefühlen nicht viel im Sinn.

Nun saß dort ein gebrochener Mensch, der einfach nur noch gehalten werden wollte.

Bis heute weiß ich nicht, woher ich den Mut und die Kraft bekam, dass ich ihn fragte, ob wir gemeinsam überlegen wollten, wie er sich seinen Abschied vorstelle. Erst weinte er und ich erlebte ihn, wie ich ihn nie im Leben gesehen hatte, dann besprachen wir seine Trauerfeier und er wurde ganz ruhig und war dankbar, dass wir alles niederschrieben.
Für mich war es der größte Vertrauensbeweis, dass ich mit ihm dieses Gespräch führen durfte.

Er feierte dann noch das Weihnachtsfest und am Neujahresmorgen 2006 verstarb er im Beisein meiner Mutter. In der Todeszeit meines Vaters wachte ich 500 km entfernt auf und bekam eine Panikattacke. Fünf Minuten später rief meine Mutter an und berichtete mir, dass er eingeschlafen sei.

Obwohl ich auf seinen Tod vorbereitet war, konnte ich es nicht fassen, dass dieser Mensch, ein kräftiger Mann in jungen Jahren, nun einfach gegangen war.

Am schlimmsten war für mich in dieser Zeit, dass ich nicht bei ihm sein konnte, als er starb. Ich hätte ihm so gern die Hand gehalten. An diesem Tag schwor ich mir, dass ich, wenn es nur irgendwie möglich sein sollte, meine Mutter begleiten würde, wenn ihre Stunde gekommen sei. An der Beisetzung meines Vaters wurde mir klar, dass ich jetzt in der Generationenkette einen Schritt nach vorn gerückt war. Mein Vater lag im Grab und meine Kinder standen hinter mir.

Bei all der tiefen und schmerzhaften Trauer reifte ein Gedanke in mir heran, der bis heute mein Leben prägt: „Lebe dein

Leben so, als wenn jeder Tag der letzte Tag deines Lebens sein könnte.“

Ich habe auch begriffen, wie wichtig es ist, immer authentisch zu sein. Ganz ICH zu sein mit all den Fasern unseres Lebens, das uns Gott gegeben hat. Am Ende unseres Lebens wird sich die Frage stellen, was hast du aus deinem Leben gemacht? Wie hast du deine Fähigkeiten eingesetzt für dich und andere? Wie sehr hast du dir und deinem Dasein Wertschätzung entgegen gebracht? Diese Erkenntnisse hatte ich in jungen Jahren nicht, sie waren in meinen „Wechseljahren“ ans Licht gekommen.

Ich versuche mir jeden Tag Höhepunkte zu schaffen und sinnvoll mit meiner Zeit umzugehen. Abends bedanke ich mich bei Gott für alle Begegnungen, Einsichten und Eindrücke, die ich erfahren durfte. Ich versuche an jedem Tag einem Menschen etwas Gutes zu tun, denn das bereichert mein eigenes Leben ungemein. Ja, ich kann sagen, dass durch den Tod meines Vaters mein Leben intensiver und dankbarer geworden ist. Ich habe mich in der Zeit der Trauer viel mit den Büchern von Elisabeth Kübler-Ross beschäftigt und aus ihnen Trost erfahren. Für mich persönlich steht fest, dass die Seele meiner Eltern bei Gott ist und dass wir uns dort wiedersehen werden.

Ich lebe

Unweigerlich tickt die Lebensuhr.
Längst habe ich den Zenit überschritten.
Ich weiß nicht wie viel Zeit mir noch bleibt.
Also lege ich los und lebe
Und lebe
Und lebe.

Ingrid Schreiner (2)

Meine Mutter lebte nach dem Tod meines Vaters noch fünf Jahre allein in ihrem Haus in einer Einhundertseelengemeinde in der Altmark. Sie war von schwerer Arbeit und von Krankheiten gezeichnet. Meine Geschwister wohnten in der Nähe und kümmerten sich um sie. Ich rief meine Mutter jeden Tag an und versuchte Ihr Halt zu geben. Bei meinen Besuchen war ich überrascht, wie offen sie über Dinge sprach, die ihr Leben lang unter den Teppich gekehrt wurden.

Im Sommer 2011 war ich mit meinem Mann auf dem evangelischen Kirchentag in Dresden. Auf dem Rückweg rief mich meine Schwägerin an, dass meine Mutter ins Krankenhaus gekommen sei. Es sei das Schlimmste zu befürchten. Da wir zunächst mit dem Lieferwagen nach Hause mussten, konnte ich erst am nächsten Tag nach Stendal fahren. Dort lag meine Mutter im Krankenhaus.

Mit meinen Geschwistern besuchte ich dann unsere Mutter. Als ich sie so im Krankenhaus liegen sah, hatte ich das Gefühl, dass mir jemand das Herz aus dem Leibe reißen wolle. Ich spürte, meine Mutter war dem Tode nahe. Wir beschlossen, sie am nächsten Tag aus dem Krankenhaus zu holen, damit sie zu Hause sterben konnte. Mein Bruder und meine Schwägerin richteten das Zimmer und ich fuhr mit meiner Schwester am kommenden Morgen in unser Elternhaus, um meine Mutter in Empfang zu nehmen. Nie in meinem Leben werde ich die Erleichterung meiner Mutter vergessen, dass sie nun zu Hause sein konnte. Sie wollte in ihrem Haus im Beisein ihrer Kinder sterben. Sie konnte dies ganz klar ausdrücken. Sie sagte auch, dass sie uns, ihre Kinder, doch so lieb habe. Wir umarmten unsere Mutter und ließen sie in den kommenden zwei Tagen keine Minute allein. In der ersten Nacht wachte ich an ihrem Bett und in der zweiten Nacht hielt meine Schwester sie bis zum letzten Atemzug. Wir ließen sie noch einige Stunden im Haus, sprachen mit ihr und streichelten sie. Es war der 11. Juni, ein wunderbar sonniger Tag. Die Glocken der nahen Dorfkirche läuteten nur für meine Mutter. Ich war dankbar und zufrieden, dass wir alle bei ihr sein konnten.

In meinen Vorträgen appelliere ich immer an meine Zuhörerinnen, möglichst vor dem Tod der Eltern seinen ganz persönlichen Frieden mit ihnen zu machen. Denn wer seine Eltern nicht achtet, kann auch sich selbst nicht achten. Wir kommen aus ihnen und sie gaben uns unsere Wurzeln, was wir daraus machen, liegt nun an uns. Ob wir es wollen oder nicht, wir gehen immer durch vier Trauerphasen. Manchmal läuft es geradlinig, aber es kann auch sein, dass wir eine Phase mehrmals durchlaufen. Jeder Mensch hat seinen eigenen Rhythmus und braucht die Zeit, die er benötigt, das Unvorstellbare zu begreifen. Der Tod der Eltern ist etwas so Elementares, dass wir uns die persönliche Zeit nehmen sollten, um zu verarbeiten und zu begreifen, dass sie nun nicht mehr bei uns sind. Jede Träne und jeder Schrei sind o.k.

> *Bei allen Verlusten in unserem Leben wird uns Trauerarbeit nicht erspart bleiben*

- Phase des Nicht-Wahrhaben-Wollens
- Phase der aufbrechenden Gefühle (Angst, Depressionen, Wut, Schuld, Einsamkeit, körperliche Reaktionen)
- Phase der Akzeptanz und Neuorientierung
- Phase eines neuen Lebenskonzepts

1.2 Abschied von den Kindern - das „Leere-Nest-Syndrom“

Bei meinen Reisen zu Vorträgen in Kirchengemeinden habe ich oft in Häusern übernachtet, die mir viel zu groß für die zwei Menschen erschienen, die jetzt noch darin wohnten. Ich hatte dort schöne und tiefgründige Gespräche mit meinen Gastgebern. Immer wieder hörte ich, dass dieses Haus einst erfüllt war von Kinderlachen aber auch der Hektik des Alltags.

Wir Eltern in der Mitte des Lebens dachten alle, dass es ewig dauern würde, dieses Zusammensein mit unseren Kindern. Doch auf einmal stehen wir vor leeren Zimmern mit ausgeräumten Schränken. Dann kann er sich ganz schnell einschleichen, dieser Blues, den man „Leere-Nest-Syndrom“ nennt.
Es beginnt damit, dass unsere Kinder flügge werden, sie kommen in die Pubertät. Da haben wir manchen Kampf mit ihnen auszufechten. Das ist die Zeit, wo für unsere Kinder vieles an uns peinlich, spießig oder einfach blöd ist. Wir spüren immer öfter, dass sie uns nicht mehr wirklich brauchen. Wir träumen davon, wie es wohl sein wird, wenn sie das Haus verlassen und Ordnung in unseren Alltag einzieht. Keine unordentlichen Kinderzimmer, nur halb so viel Wäsche, Zeit, Raum und Muße für die eigenen Bedürfnisse – unvorstellbar! Doch wenn die Kinder aus dem Haus gehen und nur noch ab und zu vorbei schauen, dann wird uns bewusst, dass sie erwachsen sind und beginnen, ihr eigenes Leben zu meistern. In zwölf Jahren Frauenarbeit und zahlreichen Gesprächen mit Freundinnen, Zuhörerinnen und Seminarteilnehme-

rinnen wurde mir klar: Ob du Hausfrau und Mutter bist oder berufstätig, wenn die Kinder aus dem Haus gehen, hast du das Gefühl, dass dein Leben sinnlos und leer geworden ist.

Wir gehen durch die Räume, die von Musik, Kinderstimmen und Erlebnissen gefüllt waren und spüren nur Einsamkeit, Leere und Trauer. Es ist wie Sterben. Wieder müssen wir trauern und wollen es doch nicht. Nicht schon wieder so ein fundamentaler Abschied. Nein, es soll alles so bleiben, wie es war. Denn unsere tägliche Routine mit den Kindern gab uns Halt und Heimat. Wie gern möchten wir ihnen morgens den Abschiedskuss geben, Pausenbrote schmieren und Gespräche am Küchentisch führen. In der ersten Zeit, wenn sie vielleicht in Ausbildung oder zum Studium gehen, kommen sie noch mit der schmutzigen Wäsche und wir hoffen jedes Wochenende, dass sie uns Zeit widmen und gern mit uns die Tage verbringen. Doch immer öfter stellen wir fest, dass sie lieber mit den Freunden ihre Zeit verbringen, und dass die Gespräche mit ihnen immer flüchtiger werden.

Wir müssen LOSLASSEN

Loslassen - wie einfach klingt das und wie schwer erscheint es in den ersten Jahren unserer Wechselzeit.

Wenn die Kinder klein sind, gib ihnen Wurzeln,
und wenn sie groß sind, gib ihnen Flügel.

Dieses LOSLASSEN geht nur in kleinen Schritten. Mir persönlich hat geholfen, dass ich von so vielen Frauen bestätigt bekam, es ging ihnen wie mir. Auch sie weinten nachts in die Kissen und hätten so gern ihre Kinder noch einmal in den Arm genommen.

Ich kam mir oft vor wie eine Ertrinkende, die keinen Boden mehr unter den Füßen spürt. Da ich viele Jahre alleinerziehende Mutter von zwei Kindern war, hatte ich immer das Gefühl meine Kinder beschützen und versorgen zu müssen. Als sie dann selbstständig in ihrer Wohnung lebten, fühlte ich mich anfangs leer und einsam, obwohl ich berufstätig war, einen Partner und gute Freundinnen hatte.

Mit dem Moment der Schwangerschaft empfinden wir Frauen und Mütter Liebe für die uns anvertrauten Kinder. Wir geben ihnen alles, was uns möglich ist. Wir bringen ihnen die elementarsten Dinge des Lebens bei. Es gibt wohl keine tiefere Bindung im Leben einer Frau, als die Verbindung zu ihren Kindern. Und deshalb ist es so schwer, sie ziehen zu lassen, obwohl wir das Vertrauen haben, dass sie mit Gottes Hilfe ihr Leben meistern werden.

Veränderungen

Veränderungen passieren
ob ich will oder nicht.
Ich kann mich wehren,
sie verleugnen,
vor ihnen davonlaufen.
Irgendwann holen sie mich ein.

Nur langsam unterwerfe ich mich.
Lasse zu, dass Veränderung geschieht.
Wer weiß, wozu sie gut ist.
Veränderungen bringen Einschränkungen,
eröffnen Möglichkeiten.
So Gott will.
Manchmal haben Veränderungen
mir schon das Leben gerettet.

Ingrid Schreiner (3)

Als Frau aus der Ex-DDR habe ich früh meine Kinder bekommen. Meine Tochter mit 21 und meinen Sohn mit 27 Jahren. Ich war voll berufstätig und hatte deshalb gegenüber meinen Kindern immer ein schlechtes Gewissen. Später war ich viele Jahre alleinerziehend, und so wurde dieses Gefühl noch verstärkt. Ich spürte die Verpflichtung, meine Kinder vor der „bösen Welt“ beschützen zu müssen. Das gelang mir natürlich nicht. Mein Sohn zeigte mir in der Pubertät seine Grenzen und ich musste auch meine erkennen.

Als ich vor zehn Jahren meinen Mann kennenlernte, übergab ich meinen erwachsenen Kindern meine Wohnung als WG und dachte, dass es gut für uns alle werden würde. Es verging kein Tag, an dem ich mir nicht Gedanken machte, ob das ohne mich und meine Arbeit klappen kann. In diesen ersten Jahren unserer Trennung habe ich oft für sie und mich gebetet. Muttertiere sehnen sich nach ihrer Brut und der Aufgabe sie zu versorgen. So freue ich mich auch heute, wenn sie kommen. Ich backe und koche, wie es schon meine Mutter getan hat, wenn ich mal wieder nach Hause kam.

Ich glaube, einen besonderen Wendepunkt in unserem Leben als Frau und Mutter erreichen wir dann, wenn die Kinder selbst heiraten oder in einer Partnerschaft leben. Du siehst Situationen, die du richtig toll findest. Aber es wird auch Zeiten geben, wo du eingreifen möchtest, einen Rat erteilen willst und es dich grämt, wenn deine Kinder leiden. Doch Eltern müssen begreifen, dass sie nicht mehr das Recht haben, die erwachsenen Kinder mit gut gemeinten Ratschlägen zu begleiten oder sich gar in ihre Beziehungen einzumischen. Die nun erwachsenen Kinder müssen ihre eigenen Erfahrungen machen und vielleicht manchmal auf die Nase fallen. Daran werden sie wachsen und reifen. Wichtig ist, dass sie wissen, ich kann kommen, wenn ich meine Mutter einmal brauche.

Eine besondere Situation ist das Verhältnis von Müttern und Töchtern in dieser Zeit des Wechsels. Wir sehen unsere Töchter heranwachsen und sind oft geneigt, in ihnen uns selbst zu spiegeln. Wir erleben uns in jungen Jahren und beten, dass sie nicht dieselben Fehler machen wie wir. Wir möchten ihnen ersparen, was uns geschadet oder verletzt hat. Es ist sinnlos!

Wir vergleichen unser Leben mit ihrem und stellen fest, dass es große Unterschiede gibt. Uns ist wichtig, dass die Wohnung geputzt, die Wäsche gebügelt und der Kühlschrank gefüllt ist. Unsere Töchter nehmen es mit dem Putzen vielleicht nicht so genau, die Bluse wird morgens vor der Arbeit gebügelt und im Kühlschrank sind nur Cola und eine Pizza. Wenn wir samstagabends um 22 Uhr auf der Couch einschlafen, dann geht sie erst los in die Disco, um dann den Sonntag zu verschlafen.

Seien wir ehrlich, manchmal sind wir auch neidisch auf unsere Töchter, doch das würden wir natürlich niemals zugeben. Wir haben in den Wechseljahren durch die Verlangsamung unseres Stoffwechsels 6-8 Kilo zugenommen und unsere Tochter passt in Größe 38. Na, herzlichen Glückwunsch!

Früher schauten die Männer uns hinterher und wir waren stolz, so begehrt zu sein. Heute gelten die Blicke auf der Straße eher ihr - unserer Tochter.

Wir müssen erkennen, dass wir gerade in unsere Töchter Wunschbilder projizieren, die wir selbst haben. Wir wünschen uns unterbewusst, dass „ihr“ das gelingen möge, was wir nicht geschafft haben, was uns nicht vergönnt war. Wir wünschen ihr, dass es ihr besser gehen soll, dass ihr Leben einfacher zu bewältigen ist, und dass sie glücklich sein wird. Aber vielleicht hat sie ganz andere Ziele und Vorstellungen von ihrem Leben. Es kann sein, dass ihr Dinge wichtig sind, die uns unbedeutend erscheinen. Wir nehmen unseren Töchtern eine riesige Last von den Schultern, wenn wir ihr unser o.k. dazu geben. Liebe bedeutet immer wieder loslassen und Neues zulassen.

Gerade Mütter und Töchter haben es nicht leicht miteinander, weil sie so eng verbunden sind. Immer ist irgendwo das Bemühen, der anderen nicht weh zu tun. Unsere Tochter ist ein erwachsener Mensch, sie hat das Recht, ihr eigenes Leben so zu gestalten, wie sie es sich vorstellt. Wir werden uns innerlich distanzieren und doch immer wieder aufeinander zugehen.

Marieluise Bierbaum schreibt in ihrem Buch: „ Mütter und Töchter“:
„Das Wichtigste, was eine Mutter leisten kann, und gleichzeitig auch das Schwerste: Ihr Kind loslassen, damit es allein selbständig leben kann.“ (4)

Nach Jahren voller Sehnsucht und manchmal tiefer Traurigkeit bin ich heute sehr stolz über die Selbständigkeit meiner Kinder. Ich finde es toll, wie meine Tochter ihre Frau steht, auch wenn sie wohl ein anderes Lebenskonzept hat als ich. Sie nennt mich „Muttertier“, aber sie selbst findet ihre Erfüllung in ihrem Beruf. Sie ist eine selbstbewusste junge Frau, die mutig ihren Weg geht. Ich bewundere sie immer wieder, dass sie manche Dinge anpackt, die mich total ängstigen. Sie muss in ihrem Job viel fliegen und tut dies auch noch mit Begeisterung. Für mich ist jeder Flug eine Herausforderung, wo ich Gott einfach bitte, mich nicht im Stich zu lassen.

Es bedarf großer Weisheit,
um zu begreifen:
„Alles im Leben hat seine Zeit

Genau so stolz bin ich auf meinen Sohn. Meine innere Beziehung zu ihm ist sehr tief. Er hat es mir im Leben nie sehr leicht gemacht. Er wurde sechs Wochen zu früh geboren und ich musste immer wieder um seine Gesundheit bangen. Schule fand er nicht so toll und Pflichten auch nicht. Inzwischen hat er einen sehr verantwortungsvollen Job in einem großen Unternehmen. Er arbeitet momentan für ein Jahr in New York, ist erfolgreich und regelt sein Leben selbständig. Ich habe es mir als Ziel gesetzt, ihn dieses Jahr dort zu besuchen. Wenn man eine solche Flugangst hat wie ich, ist es eine riesige Herausforderung. Ich wäre sonst nie im Traum auf die Idee gekommen, dorthin zu reisen. Doch das tun Mütter. Sie geben alles für ihre Kinder, weil wir sie lieben.

Unsere Kinder loslassen bedeutet: Uns von dem Wunschbild verabschieden, wie sie sein sollten. Unsere Sorgen loslassen, denn sie können selbst gut für sich sorgen.

> *Gott hat seinen Engeln befohlen, dass sie dich behüten Tag und Nacht, wohin du auch gehst.*
> *Psalm 91,11*

Vertrauen haben, dass Gott genau so für unsere Kinder sorgt, wie für uns. Wir werden immer verbunden sein, durch unsere Liebe. Die kann uns niemand nehmen. Wenn wir dann füreinander da sein wollen, ist es die schönste Bereicherung in unserem reifen Leben.

Ich bin dankbar, dass es meine Kinder gibt. Ich habe in den letzten Monaten immer wieder gesehen und gespürt, wie ähnlich ich meiner Mutter bin, obwohl ich das natürlich nie wahr haben wollte. So wird es auch unseren Kindern gehen, mit zunehmender Reife werden sie sehen, wie viel Gemeinsamkeit es zwischen den Generationen gibt.

Wir sind Zugvögel.
Unser Nest ist nur ein Nest auf Zeit.
Wir sind auf dem Weg in ein anderes Land.
Wir sind Zugvögel, aber keine Nesthocker.
Wir sind Zugvögel und halten Ausschau
nach dem anderen Land.

Und wir fliegen darauf zu.
Voller Sehnsucht.
Anselm Grün (5)

Ich habe nach Vorträgen und in Seminaren immer wieder mit Frauen gesprochen, denen es nicht vergönnt war, Kinder zu haben oder die sich für ein Leben ohne Kinder entschieden hatten.

Auch sie werden in den Wechseljahren nicht vor Trauer geschützt. Mir sagten diese Frauen oft, dass es ihnen erst nach der Menopause bewusst wurde, dass sie nun wirklich keine Kinder mehr haben werden. Schilderungen dieser Frauen haben mich sehr berührt. Sie sprachen von einer Sehnsucht, die nicht gestillt werden konnte und berichteten mir von ihren Versuchen, die Lücke zu schließen, die ein Kind gefüllt hätte. Wertschätzung und Solidarität brauchen sie und deshalb ist es mir immer wieder wichtig, von der Notwendigkeit unseres sozialen Netzwerkes zu berichten.

Freunde sind Menschen,
die nicht nach dem Weg fragen,
sondern ihn einfach mit Dir gehen.
Kalenderspruch

Foto: Fotolia/Artur Synenko

1.3 Partnerschaft in der Lebensmitte

Bilanz ziehen, neue Inhalte und Ausdrucksformen finden

Die Wechseljahre sind eine Zeit, in der wir unsere Beziehungen neu definieren

Bei meiner Arbeit mit Frauen in Seminaren war es auffällig, dass Frauen zuerst von ihren Befindlichkeitsstörungen in den Wechseljahren und fast gleichzeitig von den Problemen in der Partnerschaft sprachen. Viele von ihnen waren erschöpft von Kämpfen und Frustrationen, die der Beziehungsalltag mit sich brachte.

Dr. Christiane Nortrupp schreibt in ihrem wunderbaren Buch: „ Wechseljahre“:

„Unabhängig davon, wie gut diese Beziehung gewesen sein mag - was für Sie in Ihrem vorherigem Leben funktioniert hat, wird höchstwahrscheinlich einer gewissen Aktualisierung bedürfen, damit die Beziehung noch zu der Frau passt, die Sie dabei sind zu werden.“ Und weiter: „Die Wechseljahre sind auch eine Zeit, in der sich das, was sich eine Frau von einer Beziehung wünscht, zu verändern beginnt.“ (6) Frauen lassen sich mit zunehmender Reife nicht mehr manipulieren und benutzen.

In der Pubertät wurden wir durch unsere Hormone auf unsere Weiblichkeit und biologische Mutterschaft vorbereitet und ausgestattet. Wir waren Meisterinnen im Geben, Versorgen und Verstehen. Unser Bemuttern war stark ausgeprägt.

Leider meist nur für die Menschen um uns herum. Julia Onken schrieb in ihrem Buch „Feuerzeichenfrau“ davon, dass Frauen in den Wechseljahren von der biologischen zur geistigen Mutterschaft gelangen. Das werden besonders unsere Partner zu spüren bekommen. Sie waren gewohnt, dass wir „funktionierten“ und immer bereit waren zu geben. Dass wir es schluckten, wenn wir uns ungerecht behandelt fühlten. Noch immer sind es die Frauen, die unter der Mehrfachbelastung leiden, die Beruf, Familie und Haushalt mit sich bringen. Dazu kommt, dass gerade viele von ihnen in den Wechseljahren ihre alten Eltern oder Schwiegereltern pflegen. Und dass wir Frauen meist von einem grenzenlosen Perfektionismus getrieben werden, macht die Sache nicht einfacher. Wir wollen alles gut machen und möglichst sofort erledigen.

Das wird sich in den Wechseljahren ändern. Wir Frauen stoßen immer wieder an unsere Grenzen. Durch die Entwicklung in der Lebensmitte sind wir so gefordert, dass wir nicht mehr so tun können, als ob alles nach unseren Wünschen abliefe. Nein, wir müssen ehrlich mit uns sein. Wir werden rebellieren und uns wehren, gegen mangelnde Wertschätzung und zu wenig gemeinsam verbrachte Zeit. Ehe und Partnerschaft werden in dieser Zeit auf den Prüfstand kommen, und wir werden zurückschauen auf unsere bisher gemeinsam verbrachte Zeit und uns fragen, ob es das war, was wir uns vorgestellt hatten, wo geredet und ausgetauscht wurde, gehen aus dieser Wachstumskrise oft gestärkt hervor. Diese Paare wachsen an all den Fragen, die auf den Tisch kommen und eine Antwort verlangen. Den Frauen wird auf einmal klar, dass ihre Gefühlsschwankungen nicht nur mit dem hormonellen Auf-und-ab zu tun haben. Traurigkeit ist nicht nur das Resultat des verringerten Östrogenspiegels. Ja, wir werden ehrlich sein müssen und uns fragen, warum wir so angepasst waren in all den Jahren. Warum haben wir nicht unser Leben gelebt und unsere Träume? Warum haben wir nicht unseren Wert erkannt und ihn behauptet? Kann es sein, dass uns das Wohl der Familie wichtiger war als unser eigenes? Haben wir dafür nicht einen hohen Preis bezahlt?

Erwachsene Menschen haben das Recht und die Pflicht zu ihren Bedürfnissen zu stehen

In diesen Jahren scheitern Ehen und Partnerschaften, weil die Paare nicht bereit sind, zu sprechen und aufzuarbeiten, was einer Inventur und Neuausrichtung bedarf. Erwachsene Menschen haben aber das Recht und die Pflicht zu ihren Bedürfnissen zu stehen.

Wenn wir die Chance der Wechseljahre nicht nutzen, könnte es sein, dass wir zusammen und einsam in unser Alter gehen und nicht die Möglichkeit der Gemeinsamkeit erkennen.

Durch den Auszug der Kinder stehen mehr Raum und Zeit für Ehe und Partnerschaft zur Verfügung. Wichtig ist, dass wir dieses Geschenk auch nutzen und mit neuen Inhalten füllen. Wie schön können lange Spaziergänge sein oder ein gutes Essen mit Freunden. Wie lebendig kann uns ein gemeinsamer Urlaub am Meer machen, wo wir wie die Kinder voller Freude den Wind genießen und barfuß im Sand laufen. Wie leicht können wir uns fühlen, wenn wir gemeinsam nach einem bekannten Song im Wohnzimmer tanzen. Wir müssen es nur tun!

Wenn nicht jetzt, wann dann?

CARPE DIEM -
nutze den Tag

Warum

Keine Liebe ohne Leid.
Kein Finden ohne Loslassen.
Kein Aufbruch ohne Abschied.
Liebe und Leid sind untrennbar
Miteinander verbunden.
Frag mich nicht warum.
Es gibt keine Antwort.

Ingrid Schreiner (7)

Foto: Fotolia/Christian Jung

Es gibt die Gruppe der Frauen, die sich befreit fühlen vom Thema Verhütung und sich voll der Lust mit ihrem Mann oder einem Partner hingeben. Oft sprach ich aber auch mit Frauen, die nach langjähriger Ehe und „Pflichterfüllung“ nicht mehr bereit waren, ein „Schauspiel“ zu veranstalten.

Sexualität wird zum wahrlich heißen Thema in den Wechseljahren

Unser hormoneller Status als Frau wird es nicht mehr zulassen, dass wir Lust vorspielen, wo keine ist. Das Nachlassen der weiblichen Libido hat oft mit dem Maß, das sie an Wertschätzung und Achtung erfährt, zu tun. Woher soll Lust kommen, wenn wir keine gemeinsame Zeit verbringen und keine gemeinsamen Lebensinhalte haben?

In den mittleren Jahren wird immer deutlicher, welche große Bedeutung Ehrlichkeit und Offenheit in der Partnerschaft haben. Wenn Frauen sich verbiegen und nicht in der Lage sind, ihrem Partner zu erklären, welche körperlichen und seelischen Veränderungen anstehen, wird das Dilemma seinen Lauf nehmen.

Zu den Veränderungen im körperlichen Bereich gehören:

- Veränderung der Scheidenschleimhaut. Sie wird dünner, empfindsamer und ist weniger elastisch.
- Die Vagina kann trocken und damit schmerzempfindlich sein.
- Die sexuelle Reaktion kann vermindert sein.

- Es kann zu Harnweginfektionen kommen.
- Die Orgasmusfähigkeit kann abnehmen.

Allein durch diese Beeinträchtigungen haben es viele Frauen schwer, sich sexuell auf ihren Partner einzulassen. Das muss aber nicht sein, wenn wir erklären können, was in uns vorgeht.

Wie sinnlich kann ein gutes Essen, eine liebevolle Umarmung oder eine Fußmassage sein. Wenn nicht hinter jedem Streicheln die Forderung nach Sex steht, werden wir uns wieder gern auf Zweisamkeit einlassen und diese genießen.

Ich bin an Tagen, wo ich mit meinem Mann Gemeinsamkeit erlebe, und wir zusammen etwas unternehmen, eher in der Stimmung, Intimität zu leben. Woher soll der Wunsch nach Austausch und liebevoller Zweisamkeit kommen, wenn wir keine Zeit miteinander verbringen und sich die Gesprächsinhalte um Probleme am Arbeitsplatz oder die letzten Bundesligaergebnisse drehen?

Liebe und Sexualität wollen gepflegt und behütet werden. Gerade in den reifen Jahren haben wir Zeit und Raum dafür. Kreativität und Wertschätzung sind die Zauberwörter. Frauen macht es mit zunehmendem Alter immer weniger aus, offen über ihre Sexualität zu sprechen. Sie kennen all die Probleme, die sich in den mittleren Jahren eingestellt haben.

Dr. Christiane Nortrupp schreibt: „Viele Mitschwestern, die gerade diesen Entwicklungsschritt tun, stellen fest, dass ihr

Sexualtrieb eine Weile lang abnimmt. In einer Studie wird berichtet, dass 86 % aller Frauen in den Wechseljahren sexuelle Problemen haben." (8) Lasst uns mit unserem Partner darüber reden, das hilft uns in der Verarbeitung.

Männer haben auch ihre Schwierigkeiten in dieser Lebensphase. Sie können durch die hormonelle Umstellung und das Absinken des Testosteronspiegels auch in den Wechsel kommen. Oft verdrängen sie ihre Probleme mit Arbeit, einer jungen Geliebten oder einem neuen Auto. Das hilft aber auch nicht vor der Angst, alt zu werden und nicht mehr so attraktiv und leistungsfähig zu sein, wie sie es aus ihren jungen Jahren kennen.

Damit wir zu einer Zeit der Innigkeit gelangen, müssen wir das wertschätzen, was uns mit unserem Partner verbindet. Wichtig ist, dass wir es uns immer wieder gegenseitig zeigen. Es ist wunderbar, dass wir durch den Auszug der Kinder mehr Freiräume haben und jeder von uns diese auch ausleben kann. Sei es, dass wir Hobbys pflegen, uns in der Kirchengemeinde oder einem Verein engagieren oder kreativ arbeiten. Doch wenn wir dann von unseren eigenen Aktivitäten nach Hause kommen und unser „Wir" leben können, ist das ein großes Geschenk.

Das Gefühl, abends beim Zubettgehen noch einen Händedruck zu spüren oder gemeinsam einen schön gedeckten Frühstückstisch zu genießen, kann sehr verbinden. Ja, es sind die gemeinsamen Erlebnisse, die uns unsere Verbindung spüren lassen und uns zusammenschweißen. Erotik und

Sexualität werden immer eine Rolle in unserem Leben spielen, doch nicht mehr die Hauptrolle.

Darin besteht die Liebe: Dass sich zwei Einsame beschützen und berühren und miteinander reden.
Rainer Maria Rilke

Gerade in den Wechseljahren!
Vielleicht ist die Krise, die Paare in den Wechseljahren erleben, keine Katastrophe, sondern eine Herausforderung, dem gemeinsamen Leben noch mal eine neue Richtung zu geben. Ohne die Verpflichtungen, die wir in den letzten Jahrzehnten vorher zu bewältigen hatten, können wir die Räume des Lebens neu füllen. Das bietet großartige Möglichkeiten und eine neue Lebensqualität. Wenn wir die gelebte Zeit als Schatz der Erfahrungen begreifen, können wir daraus eine Bilanz ziehen für den Weg, der vor uns liegt. Es kann eine spannende Reise werden, wenn wir uns auf den anderen Menschen einlassen und mit ihm teilen, was uns mit dieser Lebensreife ermöglicht wird.

Vieles kann der Mensch entbehren, nur den Menschen nicht
Ludwig Börne

Wenn ich mir persönlich die Frage stelle, wie ich mir die Partnerschaft im Herbst unseres Lebens vorstelle, kommen mir folgende Gedanken und Bilder:

- Lieben ohne Leiden
- Zusammensein ohne Einengen
- Vertrauen ohne blind zu sein
- Dankbarkeit ohne Verpflichtung
- Zärtlichkeit, die spielerisch sein darf
- Zwei sein und auch eins sein können
- Gehen und wieder kommen
- Streiten und sich versöhnen
- Hoffnung haben, dass Gott für uns beide sorgt.

Schauen wir mal, wie es wird.
Spannend alle Male!

Je liebevoller du mit dir selbst umgehst, um so mehr kannst du Liebe geben und empfangen

Foto: Fotolia/WongZeFei

1.4 Die Körperlichkeit verändert sich

Ein erfülltes Leben und Genuss lassen uns lächeln. Hungern und Verzicht machen uns ungenießbar.

Das weibliche Schönheitsideal wird bei Frauen meist mit Jugendlichkeit, Faltenfreiheit und makellosem Teint definiert, getreu dem Motto: „Wir wollen alle älter werden, nur nicht älter aussehen."

Bei vielen Vorträgen fragte ich meine Zuhörerinnen, wer denn mit seinem Körper und seiner Figur zufrieden sei. Die Antworten waren meist sehr mager. Frauen definieren sich immer noch vorwiegend über ihr Aussehen. Selbst in jungen Jahren wollen die kräftigen Mitschwestern dünner sein, die Schlanken etwas runder, die Kleinen größer und die Großen kleiner. Kaum eine Frau ist mit sich und ihrem Erscheinungsbild zufrieden. Deshalb können uns bekannte Frauenmagazine immer noch jede Woche eine neue Diät und teure Schlankheitspülverchen einreden. Sie suggerieren uns die Erwartung, dass darin der Segen für uns liege.

Jeder, der sich Zeit seines Lebens mit Diäten rumgeschlagen hat, weiß, dass sie allesamt auf Dauer nicht funktionieren. Irgendwann kommt der Jo-Jo-Effekt, und mehr Pfunde als vorher sind an der Tagesordnung.

Wichtig ist, dass wir uns gerade in den Wechseljahren abwechslungsreich und ausgewogen ernähren. Wir haben viel zu leisten mit der hormonellen Umstellung unseres Körpers. Unsere Seele kämpft mit der Verarbeitung der Abschiede und Veränderungen. Wir sind gefordert, ohne dass uns das recht klar ist.

Wichtig ist, welche Haltung wir zum Älterwerden und den körperlichen Veränderungen haben. Julia Onken beschrieb in ihrem Buch „Feuerzeichenfrau“ (9), dass die körperlichen Veränderungen als Gleichnis zu verstehen seien. Ich erinnere mich gern an eine Beschreibung, die mich und meine Kursteilnehmerinnen immer wieder getröstet und zum Schmunzeln gebracht hat. Wenn wir unsere Gewichtszunahme, die bei den meisten Frauen ca. 6-8 kg betragen kann, als Ausdruck dafür sehen, dass wir mehr „Raum“ einnehmen wollen, ist das ein gutes Gleichnis.

Es ist so, dass sich der Stoffwechsel ab Ende Dreißig verlangsamt, dass wir in den darauffolgenden Jahren pro Tag ca. 350 Kcal. weniger verbrauchen. Das bedeutet, wir werden nur durch diese Umstellung schon zunehmen. Oft gehen Frauen mit sich ins Gericht, weil sie glauben, nicht diszipliniert genug zu sein. Das grenzt dann schon an Masochismus.

Gerade in den Zeiten, wo sich so viel bei uns verändert, kann uns ein Stück Torte mit der besten Freundin den Tag im wahrsten Sinne versüßen. Wie schade wäre es, wenn wir unser Essen nicht genießen könnten, weil wir nur Kalorien zählten und magere Alternativen überlegen würden. Unsere Figur wird sich verändern und somit auch die Möglichkeiten, interessante Mode zu tragen.

Früher hatten wir einen flachen Bauch und einen runden Po. Heute kann es ein, dass sich das Bild genau umdreht. Diesen wunderbaren Körper trotz seiner Veränderungen in interessante Gewänder zu hüllen, kann sehr viel Freude bereiten, wenn man (FRAU) Lust hat, neue Kleidung auszuwählen und mit Schnitten zu experimentieren. Ich kenne viele tolle Frauen, die gerade in den Zeiten des Wechsels neugierig wurden und Neues wagten. Wenn in meiner Farb- und Stilberatung solche Frauen bei mir sind, habe ich oft das Gefühl, „junge Mädchen" tummeln sich vor dem großen Spiegel und sind begeistert über das, was sie dort sehen.

Im Herbst unseres Lebens angekommen, wollen wir uns nicht mehr in zu enge Kleider zwängen, die uns die Luft zum Atmen nehmen. Wir sind auch nicht mehr bereit, gesellschaftlich verordneten Schönheitsidealen zu entsprechen. Nein, wir wollen Luft holen, uns bewegen und lachen können. Wir genießen alles Weiche und Fließende, weil wir begriffen haben, dass auch unser Leben fließend ist und Rundungen besser als Ecken und Kanten! - Deshalb brauchen wir auch in unseren Kleidern Raum und ein angenehmes Zuhause-Gefühl.

Aus den hohen Pumps von einst werden vielleicht die bequemeren Schuhe oder wir trauen uns gerade jetzt auch mal hohe Schuhe zu tragen, weil wir nicht mehr mit den Kindern durch den Sandkasten oder den Sportplatz springen. Die Veränderungen können vom Typ her ganz unterschiedlich sein. Wir setzen uns selbst neue Prioritäten.

Es wird sich manches ändern in unserer Körperlichkeit. Mich persönlich faszinieren immer wieder diese starken Frauen mit weißen Haaren, die modemutig ihren Stil gefunden haben. Gerade in den Wechseljahren angekommen, beugen sie sich nicht mehr irgendeinem Diktat gesellschaftlicher Forderungen. Weiter so, Freundinnen, seid mutig und steht zu eurem Körper und zu eurer Kleidergröße. Denn Selbstannahme ist der Schlüssel zu Wohlbefinden und zur Neugier auf das Kommende. Wenn wir uns selbst so nehmen können, wie wir sind, wird viel Energie frei für das Abenteuer, das noch vor uns liegt.

Es wird sich manches ändern in unserer Körperlichkeit

Lebensfreude ist die beste Kosmetik einer Frau

Interessant finde ich, dass es gerade in unseren Nachbarländern, den Niederlanden, Dänemark und Schweden, schöne und bequeme Kleidung für uns reife Mädels gibt. Also - beim nächsten Urlaub: Augen auf und neue Modeideen entdecken. Es lohnt sich.

Sei freundlich zu deinem Leib,
damit die Seele Lust hat, darin zu wohnen.

Teresa von Avila

Foto: Fotolia/pressmaster

2. Mutig deinen Weg gehen

2.1 Ist dein Beruf noch deine Berufung?

In den Wechseljahren werden wir lernen, auf unser bisheriges berufliches Leben zurückzuschauen. So wie wir unseren persönlichen Lebensweg Revue passieren lassen, werden wir uns zurückerinnern, wie wir unsere Ausbildung oder unser Studium absolvierten. Wir fragen uns vielleicht, warum wir gerade diesen Beruf ergriffen haben. Wollten wir Karriere machen oder einer Sache dienen? Wir werden uns an die ersten beruflichen Herausforderungen erinnern, die wir gemeistert haben und an Erfolge, die uns reifen ließen. In ca. dreißig Jahren Berufsleben hat sich vieles geändert und entwickelt. Wir sind mit den Aufgaben gewachsen und gereift. Die Generation von Frauen, die nach dem Krieg groß geworden ist, hatte die Möglichkeit, selbstbestimmt im Berufsleben Fuß zu fassen und ihren Weg zu gehen. Nie war es für Frauen so problemlos möglich, einen Beruf auszuüben und unabhängig zu sein.

Wir durften uns entscheiden, welchen Beruf wir ausüben wollten, das haben sich unsere Mütter immer gewünscht

In der Lebensmitte angekommen wird uns klar, welchen Weg wir gegangen sind. Haben wir die Welt verändern oder wenigstens etwas besser machen können? Haben wir unsere Ideale verwirklicht oder waren wir vielleicht doch nur der Schuhabstreifer unseres Chefs? Wir werden Lust bekommen rauszukriegen, ob noch mehr in uns steckt. Vielleicht passt einfach die Firma nicht mehr zu uns. Aber es kann auch sein, dass wir merken, dass sich der Wunsch nach Veränderung in uns ausbreitet. Wenn nicht jetzt, wann dann? Die Kinder sind aus dem Haus, und es entstehen Freiräume, die wir nun guten Gewissens füllen können. Vielleicht haben wir wirklich Lust darauf, doch noch größere Aufgaben zu übernehmen. Manche Frau spürt in den Wechseljahren, dass die Frage nach dem „Warum“ unseres Lebens auch beruflich beantwortet werden will. Wir begreifen, jeder Tag wird mit dem Älterwerden kostbarer und will deshalb gut gestaltet werden, will intensiver ausgekostet und gelebt werden.

Ich habe in all den Jahren meiner Frauenarbeit viele Mitschwestern kennengelernt, die sich in den Wechseljahren entschlossen haben, ihr bisheriges berufliches Leben zu ändern. Viele gingen als Seiteneinsteigerinnen nach Jahren der Kinderbetreuung in einen Beruf. Andere, die immer Vollzeit gearbeitet haben, entschlossen sich, halbtags zu arbeiten. Mutige Frauen nahmen alle Kraft zusammen und machten sich mit einer Idee selbständig und erlebten, welche Fähigkeiten in ihnen steckte. Dann zählt nicht mehr, wie erfolgreich wir sind, sondern wie glücklich wir mit unserer Aufgabe sind. Wir spüren, dass ein Potential in uns steckt, das ausgeschöpft werden will. Ja, wir entdecken jetzt ein Potential, das lange Jahre verschüttet war und nun an die Oberfläche drängt. Lassen wir es wachsen und gedeihen.

Egal, welchen Weg wir gehen, wichtig ist, dass wir unserem Herzen folgen und die Impulse leben, die in uns stecken, denn dann werden wir glücklich und zufrieden sein. Und darauf kommt es doch an.

Als ich vor zwölf Jahren meinen Mann kennenlernte, war ich Erzieherin. Ich wusste aber schon, dass ich diesen Beruf nicht mehr länger ausüben wollte. Ich war von der Geräuschkulisse des Kindergartens bereits schwerhörig geworden. Meine eigenen Kinder waren erwachsen, so zog ich mit meinem heutigen Mann in eine gemeinsame Wohnung. Ich meldete mich arbeitslos und begann mit der Suche nach einem neuen Arbeitsplatz. Ich wusste nur eins, in die Arbeit in einem Kindergarten wollte ich nicht mehr zurück. Es dauerte nicht lange, da bekam ich vom Arbeitsamt den Vorschlag, als Mitarbeiterin in einem Jobcenter zu beginnen. Dort wurde mir die Zielgruppe der 50-55jährigen zugeteilt. Ich begann mit einer neuen Arbeit, die ich noch nie gemacht hatte. Früher hatte ich Kinder betreut, jetzt kamen Menschen zu mir, die einen neuen Platz im Leben suchten.

Wir sollten das, was wir tun, lieben, dann wird uns dieses Tun glücklich machen

Zuerst redeten wir über den Job, den sie verloren hatten. Dann stellte ich fest, dass die Frauen, die zu mir in die Beratung kamen, über ihre Probleme mit den Wechseljahren sprachen. Das brachte mich auf die Idee, mich mehr mit diesem Thema zu beschäftigen, zumal mir klar wurde, ich stecke ja selbst in den Wechseljahren!

Inzwischen hatte ich wegen Umstrukturierungen im Bereich der Arbeitsvermittlung meine Arbeit im Jobcenter wieder verloren. Wohin sollte mein Weg führen? Ich hatte von der Ausbildung zur Wechseljahreberaterin gehört. Nach dem Besuch erster Kurse entschloss ich mich zu einem weiteren Schritt: Ich ging in die Schweiz ans Frauenseminar Bodensee und ließ mich zur Seminarleiterin ausbilden. So kam zur Tätigkeit einer Wechseljahreberaterin für Frauen in der Lebensmitte noch etwas Neues hinzu, die Vortragstätigkeit in Volkshochschulen, Landfrauenvereinen und Kirchengemeinden.

In dieser Zeit entstand auch mein erster Vortrag, den ich Kirchengemeinden zu Frauenfrühstückstreffen anbot. Inzwischen sind daraus viele Vorträge für Frauen in der Lebensmitte geworden. Ich habe mich nach drei Jahren nebenberuflicher Frauenarbeit selbständig gemacht, wusste aber noch nicht, wohin dieser Weg mich führen würde. Ein Glücksfall war, dass mein Mann über ein kirchliches Magazin meine Arbeit überall in Deutschlands Kirchengemeinden bekannt machen konnte. Er berichtete einfach über meine Vorträge und ermutigte so andere Gemeinden, mich einzuladen. Er sagte mir immer, wenn du erst einen Termin hast, wirst du neue Freundinnen gewinnen, weil deine Vorträge die Menschen begeistern werden. Heute brennt mein Herz für diese Arbeit, ich freue mich, dass ich von Hamburg bis Konstanz, von Köln bis Dresden unterwegs sein darf, um Frauen in der Mitte des Lebens neuen Mut zu machen.

Im Jahre 2011 ließ ich mich zusätzlich als Farb- und Stilberaterin ausbilden. Ich staune immer wieder, wie Gott meinen Weg gesegnet hat. Ich freue mich, dass ich ein Segen für die Frauen sein darf, die zu mir in die Beratung oder in meine Vorträge kommen. Es ist ein großes Geschenk, diesen Weg zu gehen. Deshalb glaube ich, dass es in der Lebensmitte richtig spannend werden kann, wenn wir den Mut haben, uns auf neue Herausforderungen einzulassen und unseren inneren Impulsen zu folgen.

Wichtig ist, dass wir den Weg gehen, auch wenn wir nicht wissen, wohin er führt. Geführt werden wir, das erlebe ich immer wieder. Wenn mich heute jemand fragt, was der Sinn gerade des beruflichen Lebens ist, dann kommt mir eine Antwort in den Sinn: „Es ist wunderbar, wenn wir Spuren hinterlassen.“

Es wird niemand mit dem Silbertablett kommen und sagen, hier hast du ein interessantes Leben, dafür sind wir schon selbst verantwortlich

Wie diese Spuren aussehen und wie sie sich anfühlen, kann unterschiedlich sein. Wichtig ist, dass sie sich gut anfühlen und bedeutsam für uns sind. Wer auch in den reifen Jahren seine Persönlichkeit zum Segen für die Gemeinschaft einsetzt, der ist reich.

Ich bin nicht die alte weise Frau,
die erhaben über dem Leben steht.
Ich riskiere, ich fordere heraus,
ich will mittendrin stehen.
Ja, das Leben ist für mich eine großartige Reise –
und ganz bestimmt kein Wartesaal.
Jede Zeit ist meine Zeit.

Lotti Huber (10)

Foto: Fotolia/Reena

Zur Veränderung in den Wechseljahren kann auch gehören, dass gerade Frauen, die immer berufstätig waren, jetzt dieser Aufgabe adieu sagen und sich ehrenamtlich für eine Sache engagieren, die ihnen schon lange am Herzen liegt. Wenn sie dort ihre Erfüllung finden, können wir nur dankbar sein und sie wertschätzen.

All die Frauen, die sich in der Hospizbewegung, bei Besuchsdiensten oder anderen ehrenamtlichen Tätigkeiten engagieren, tragen viel zum Wohl der Menschen in unserer Gesellschaft bei. Ohne sie wäre unser Leben ärmer und viele Menschen hätten keine Hoffnung mehr. Wichtig ist gerade für uns Frauen im Wechsel, dass wir unser Potential erkennen und es ausleben als Chance für uns und andere Menschen.
In einem Buch von Luise Hay fand ich eine sehr treffende Aussage:

Es ist an der Zeit, dass Frauen die Schranken der Selbstbegrenzung überwinden. Sie können viel mehr sein, als sie je für möglich gehalten haben. Sie können ein Leben führen, in dem sich ihre kühnsten Träume verwirklichen.
... auch nach den Wechseljahren.

2.2 Hormone unterstützen uns bei unserer Entwicklung und Reife

In der Pubertät werden wir durch unsere Hormone auf unsere Weiblichkeit und biologische Mutterschaft vorbereitet. Sie sorgen dafür, dass wir bereit sind, Kinder zu bekommen und sie zu erziehen. Wir sind voller Liebe und erfüllen die anstehenden Aufgaben in der Familie ohne nachzufragen, wie es für uns gut wäre.

Dr. Christiane Nortrupp schreibt: „Für viele Frauen können die Wechseljahre so etwas wie PMS mal zehn sein. Das gilt besonders für diejenigen Frauen, die aus dem einen oder anderen Grund den Alarmknopf abgestellt haben, statt auf den monatlichen Weckruf zu reagieren.“ (10) In den Zeiten von PMS (Prämenstruelles Syndrom) kam oft schon an die Oberfläche, was uns bewegt, geärgert und wütend gemacht hat. Wir brachen in Wut und Verzweiflung aus und wehrten uns. Wer es nicht geschafft hat, die Hilferufe der Seele zu deuten und sich zu wehren gegen Missachtung und zu geringe Wertschätzung, der wird in den Wechseljahren diese Altlast mit sich herumschleppen. Jetzt wird er gezwungen, diese Fragen aufzuarbeiten. Unser Körper wird uns genau zeigen, wo Veränderung angesagt ist und welchen Weg wir gehen müssen.

Zeigt uns der verspannte Rücken, dass die Last zu groß ist, die wir in dieser Partnerschaft tragen? Haben wir Magenschmerzen, weil wir zu viel geschluckt haben und den Kindern nicht unsere Grenzen gezeigt haben? Haben wir vielleicht Kopfschmerzen, weil unsere Gedanken immer darum kreisen, dass wir uns nicht für perfekt genug halten? Wir hatten ca. 40 Jahre und 48 Monatsperioden Zeit, etwas zu ändern. Haben wir lieber unter den Teppich gekehrt, was längst einer Klärung bedurfte?

Vielleicht haben gerade deshalb die Wechseljahre eine so große Bedeutung für uns. Wir spüren und erleben es täglich neu - so wie bisher geht es nicht mehr weiter. Wir werden durch eine starke Phase des emotionalen Aufruhrs und der Rebellion gehen. Und gerade die Frauen, die unter starken Problemen im PMS litten, werden erneut aufgefordert, ihr Leben zu überdenken.

Dabei sind uns unsere weiblichen Hormone und Botenstoffe behilflich und sie geben uns die Kraft, eine Veränderung einzuleiten. Wir werden überlegen müssen, ob wir länger gewillt sind, gesellschaftlichen und kulturellen Normen zu entsprechen oder gesund und mutig unseren eigenen Impulsen zu folgen.

Es ist bekannt, dass unsere weiblichen Hormone auch unsere Stimmungen beeinflussen. Der Hypothalamus reguliert alle Hormone. In den Wechseljahren bereitet uns das Gehirn auf eine neue Wahrnehmung vor. Wir werden reizbarer, manchmal wütend und aggressiv.

Unser Östrogenspiegel, der immer dafür sorgte, dass wir ausgeglichen und sehr weiblich waren, wird absinken. Dafür wird der Testosteronspiegel etwas ansteigen.

So werden Frauen eine Seite in sich entdecken, die bisher nur von Männern gelebt wurde. Sie wehren sich und drücken ihre Wut aus. Besonders der Botenstoff GnRh unterstützt uns in diesem Prozess, mutiger und selbstbestimmter zu leben.

Viele Frauen sind verunsichert, wenn sie diese Entwicklung an sich beobachten, zumal sie von ihren Familien deshalb oft gemaßregelt und als hysterisch gebrandmarkt werden. Ich persönlich finde, dass wir dankbar sein können, endlich unseren Weg zu gehen ohne Wenn und Aber.

Die Wechseljahre habe ich persönlich wie eine zweite Pubertät erlebt. Ich wurde durch all die körperlichen Veränderungen und Befindlichkeitsstörungen auf das aufmerksam gemacht, was es zu ändern galt. Gelernt habe ich meist nur, wenn es richtig weh tat. Wenn es uns gut geht, sind wir meist zu bequem, etwas in unserem Leben zu verändern. Die eigene Komfortzone zu verlassen und neue Wege zu gehen bzw. das zu tun, was für uns selbst richtig ist, wird eine große Herausforderung in der Zeit des Wechsels. Doch wer diesen Weg geht, erfährt Wohlbefinden, bekommt Mut und erlebt Dankbarkeit. Ich kann mich noch gut daran erinnern, dass ich in den ersten Jahren meiner Referententätigkeit mit zitternden Beinen am Bahnhof stand und mich fragte: „Was machst du hier eigentlich?“ Doch wenn ich dann vor all den wunderbaren Frauen stand und mit ihnen diskutieren durfte, wusste ich, dass es sich wieder einmal gelohnt hatte, durch die Ängste zu gehen, sich

Wenn jetzt nicht, wann dann ?

aufzumachen in unentdecktes Land mit mir unbekannten Menschen. Wir sind aneinander gewachsen und wurden zueinander geführt. Dass wir Frauen uns gegenseitig zum Segen werden können, wenn wir den Mut haben, uns zu öffnen und fremdes Territorium zu betreten, habe ich immer wieder erfahren. Ich bin dankbar, dass Gott mich bei diesen Entdeckungszügen in eine neue Welt begleitet hat. Wir wachsen mit unseren Aufgaben. Wenn wir sie mit Herzblut erfüllen und sie unserem Wesen entsprechen, führen sie uns zur inneren Reife. Dabei kommen uns Lebenserfahrung und Weisheit zugute, die uns in diesem Alter auszeichnen.

Die Seele spürt, ob das,
was sie in sich aufnimmt,
mit ihrem eigenen Sein verträglich
und förderlich ist oder nicht.

Foto: Fotolia/Archiv

2.3 Die Bedeutung unseres sozialen Netzwerkes in den Wechseljahren – Freundinnen, unsere engsten Vertrauten

Wirklich gute Freunde sind Menschen,
die uns ganz genau kennen
und trotzdem zu uns halten.
Marie von Ebner-Eschenbach

Wir Frauen leben vom Teilen und Mitteilen. Kommunikation ist unser Verarbeitungsinstrument. Bei Freuden und Problemen wollen wir mit jemandem darüber reden und Anteilnahme spüren. Mit wem könnten wir dies besser tun, als mit unseren Freundinnen?

Wenn Männer ihre Beziehungen in Vereinen, beim Fußball oder am Stammtisch pflegen, schütten wir Frauen uns gegenseitig das Herz aus. Das Gespräch bei einer Tasse Kaffee oder Tee hat dann schon Therapiecharakter! Jede von uns kennt die Situation: Du bist müde und erschöpft, du hast das Gefühl, keiner mag und versteht mich. Dann redest du eine halbe Stunde mit der besten Freundin und die Energie ist wieder da und du kannst noch Freude an diesem Tag haben.

Gerade in den Wechseljahren, wenn wir hin und her getrieben werden von den hormonellen Veränderungen und vielen Abschieden, sind unsere Freundschaften ein wahres Lebenselixier. Wenn wir in den Zeiten des Zweifels und der Desorientierung Menschen um uns herum haben, die uns Halt und

Trost geben, kann das von ganz entscheidenderer Bedeutung für unser Wohlbefinden sein.

Schon als kleines Mädchen haben wir bei der Mutter beobachtet, dass Frauen zusammenhalten. Der Wunsch und die Sehnsucht nach ehrlichen und tragfähigen Freundschaften ist immer in uns. Ohne unser soziales Netzwerk wären wir arm und einsam. Gerade in der Zeit der Lebensmitte, wenn wir spüren, dass nichts mehr so bleiben wird, wie es war, brauchen wir Halt und Zuspruch. Wenn die Kinder aus dem Haus gehen, die Eltern uns verlassen und unsere Ehe nach neuen Inhalten sucht, brauchen wir sie – unsere Freundinnen. Ob beim Spaziergang, bei Diskussionen oder in Augenblicken, wo man (frau) still zusammen ist, haben wir das Gefühl, verstanden zu werden und so sein zu dürfen, wie wir sind.

Ja, unsere Freundinnen geben uns Halt und Hilfestellung im Alltag

Die beste Freundin ist die Freundin, mit der du auf einer Veranda sitzen kannst, ohne ein Wort zu sprechen und wenn du gehst, hast du das Gefühl, dass es die beste Unterhaltung war, die du jemals geführt hast.

Verena Kast (11) schreibt in ihrem Buch „Freundinnen“, dass sie Eckpfeiler in unserem Leben sind.

Dabei kann es manchmal um ganz banale Dinge gehen, wie den Austausch von Adressen guter Gynäkologen, über Erfahrungen mit bestimmten Heilmethoden oder um wichtige

Literatur. Doch auch ein gemeinsamer Morgenlauf mit den entsprechenden Gesprächen kann zu unserem Wohlfühlen beitragen und uns wieder Kraft und Hoffnung für diesen Tag geben.

Wir Frauen erleben durch die gegenseitige Hilfsbereitschaft eine Bereicherung in unserem persönlichen Leben. Gerade in Zeiten, wo es mit unserem Selbstwertgefühl nicht zum Besten steht, können uns die Freundinnen spiegeln, wer wir sind und wie wichtig wir sind. Wenn wir uns selbst nichts mehr zutrauen und durch den Sturm der Wechseljahre gefegt werden, gibt es Menschen, die uns Halt geben.

Ich habe in meinen Seminaren für Frauen oft erlebt, dass gute Freundinnen zusammen kamen und diesen Tag gemeinsam erlebten und gestärkt gingen.

Die Wechseljahre fordern uns aber auch auf, unsere sozialen Beziehungen genau unter die Lupe zu nehmen. So wie wir in dieser Zeit vieles loslassen müssen, bedürfen unsere Freundschaften auch der Inventur.

Vielleicht haben wir schon lange gespürt, dass uns im Beisein einer bestimmten Person unwohl ist oder wir uns immer klein und runtergezogen fühlen. Dann ist es jetzt höchste Zeit, dieser Sache auf den Grund zu gehen. Da wir selbst viel Kraft für den Wechsel brauchen, haben wir keine für „Energieräuber“ übrig. Sie lähmen uns nur und rauben uns die letzten Reserven. Oft sind es Frauen, die selbst ihr Päckchen zu tragen haben und voller Neid auf unsere Entwicklung schauen. Sie wollen nicht, dass sich etwas ändert. Sie wollen weiterhin jammern und an alten Rollen festhalten und bestimmen, wie unsere Beziehung aussehen soll. Das ist destruktiv und kann uns nicht stärken. Gerade in den Wechseljahren brauchen wir Mitstreiterinnen, die zu uns halten und uns unterstützen auf unserem Weg, die Frau zu werden, die wir schon immer sein wollten. So werden sich einige Beziehungen auflösen, und wir werden uns von Menschen verabschieden, die nicht gut für uns sind.

Die Lebenszeit wird mit jedem Jahr kostbarer für uns. Deshalb sollten wir uns nur noch mit Menschen umgeben, die uns gut tun und uns so annehmen, wie wir sind.

Alles im Leben hat seine Zeit!

Wir haben in jeder Freundschaft den Aspekt der gemeinsamen Interessen. Ich persönlich finde es in meinen Freundschaften aber sehr bereichernd, Freundinnen zu haben, die sehr unterschiedlich sind. Gerade die Unterschiede lassen uns aneinander reifen und voneinander lernen.

Meine liebe Freundin Jutta ist acht Jahre älter als ich. Von ihr habe ich in den letzten Jahren sehr viel gelernt. Nicht nur, dass sie eine begnadete Ärztin war, nein sie konnte mir auch immer gut erklären, was mich nun in den Wechseljahren erwartet. Es war immer sehr tröstlich für mich, wenn sie mir versicherte, dass sie dies alles auch durchgemacht hatte. Gerhild habe ich bei einer Weiterbildung kennengelernt. Seither sind wir immer füreinander da. Wir haben schon so manchen

Sturm in der Zeit der Wechseljahre gemeinsam überstanden. Marion ist meine Nachbarin, und das ist für uns beide sehr praktisch, weil wir uns jederzeit schnell sehen können und immer das Gefühl haben, dass wir uns auch räumlich sehr nahe sind. Ich habe mit Rita eine gute Freundin. Sie ist eine sehr engagierte Katholikin. Wir sind im Glauben sehr verbunden, obwohl ich evangelisch bin. Durch sie habe ich begriffen, dass Gott für uns alle sorgt. Es ist mir eine besondere Ehre, wenn wir gemeinsam bei unseren Besuchen beten und Gott danken, dass wir uns haben. Und da gibt es noch Beate. Für mich eine der tollsten und schönsten Frauen in meinem Umfeld. Wir denken aneinander und schon kommt eine SMS. Einfach toll.

Dankbarkeit ist sehr wichtig in einer Freundschaft. Ohne unsere Freundinnen wäre unser Leben ärmer und trauriger. Deshalb finde ich es wichtig, dass wir unsere Beziehungen pflegen und sie stärken. Sagen wir unseren Freundinnen, wie wichtig sie sind und verzeihen wir ihnen auch, denn auch sie sind Menschen mit all ihren Facetten, Höhen und Tiefen, Stärken und Schwächen.

Geben wir uns Raum und Zeit, damit unsere Beziehung immer wieder wachsen kann. Gerade wenn wir älter werden, werden unsere sozialen Beziehungen immer wichtiger und wertvoller. Statistisch gesehen sterben unsere Männer sieben Jahre vor uns. Wie wichtig ist es dann, dass wir ein gutes Netz von Freundinnen haben, mit denen wir unseren Alltag aufwerten können, bei denen wir Ansprache und Austausch haben. Gerade wenn die Kinder nicht in unserer Nähe sind, kann es sein, dass unsere Freundinnen mehr von uns wissen und uns hilfreicher zur Seite stehen als der eigene Nachwuchs.

Gute Freundinnen zu sein ist eigentlich ganz einfach. Das Rezept lautet: Akzeptanz und Toleranz! Leben und leben lassen. Gesteht euren Freundinnen auch zu, was ihr für euch selber wünscht. Missbraucht nicht die Großzügigkeit. Gebt euch Raum und Zeit, damit diese Beziehung immer wieder wachsen und sich entwickeln kann.

Ich persönlich glaube, dass Gott uns die Menschen in unser Leben stellt, an denen wir reifen und die uns helfen, unseren Weg zu gehen. Gerade in den Wechseljahren!

An meine Freundin

Ich kann dich anrufen,
wann immer ich es möchte:
Am frühen Morgen - zur späten Stunde.
Ich kann dir alles erzählen,
Vertrauliches und Belangloses.
Ich kann mit dir in Erinnerungen schwelgen
oder über Zukünftiges reden.
Du kennst meine Gefühle und meine Schwächen,
Du hörst mir auch dann zu, wenn ich zum wiederholten
Male dasselbe erzähle.
Du sagst mir unverblümt, was du denkst.
Du akzeptierst meine Meinung, auch wenn sie nicht mit
deiner übereinstimmt.
Ich kann mit dir lachen und übermütig sein.
Du teilst meine Freude und meine Traurigkeit.
Du richtest mich auf, wenn ich mutlos bin.
Du bist immer für mich da.
DANKE

Marlies Rauch (12)

Foto: Fotolia/Christian Jung

3. Wertschätzen, was dich ausmacht

3.1. Wechseljahresymptome als Spiegel unserer Bedürfnisse

Wer jeden Abend sagen kann: Ich habe gelebt, dem bringt jeder Morgen einen Gewinn
Seneca

In meinen Wechseljahre-Seminaren nahm ich mit meinen Kursteilnehmerinnen die Befindlichkeitsstörungen, die in dieser Zeit auftreten können, näher unter die Lupe. Wir erkannten, dass diese Störungen ein Hinweis darauf sein können, welche Bereiche in unserem Leben nach Veränderung rufen. Wie die Psychosomatik bei Krankheiten eine große Rolle spielt, werden wir Frauen durch die Symptome darauf hingewiesen, wo wir Einstellungen ändern müssen, damit wir gesund in unseren Herbst gehen können. Ich habe Frauen erlebt, die mir davon berichteten, dass ihre Beschwerden deutlich zurückgingen, wenn sie bereit waren, neue Wege zu gehen und alte Muster loszulassen.

Was können uns die Wechseljahrebeschwerden sagen?

Gewichtszunahme: Ist es an der Zeit, dass wir uns wichtiger nehmen sollten? Dürfen unsere Bedürfnisse mehr Raum einnehmen in diesem Lebensabschnitt? Ist unsere Meinung gewichtiger? Sollten unsere Argumente mehr Gewicht haben, sollten wir mehr zu uns stehen?

Hitzewallungen: Welche heiße Energie wallt in uns? Wollen wir noch einmal die junge, wilde Frau sein? Will unsere Lebensenergie in gute Bahnen geführt werden? Wollen wir abenteuerlich neue Ufer entdecken? Oder gehören wir schon zum alten Eisen? Sind wir neugierig und gespannt auf alles, was noch kommen mag?

Depressive Verstimmungen, Stimmungsschwankungen: Warum sind wir traurig? Haben wir unsere Träume gelebt? Haben wir an unser eigenes Glück gedacht oder doch nur an das der anderen? Will uns die Traurigkeit auffordern aufzustehen und mutig voranzuschreiten, bevor es zu spät ist? Hat die Wut uns vielleicht im Griff, weil wir erkannt haben, wie wir uns behandeln ließen und uns selbst behandelt haben? Haben wir Angst vor dem Älterwerden?

Trockene Vagina: Sind die trockenen Schleimhäute vielleicht Ausdruck dafür, dass wir uns nicht mehr geliebt und begehrt fühlen? Oder zeigt uns unser Körper endlich, dass wir viel gaben, doch wenig bekamen ? Es ist an der Zeit unsere Körperlichkeit als wunderbares Geschenk zu begreifen, das man nicht unter Wert verschenkt.

Schlafstörungen: Was lässt uns nicht zur Ruhe kommen? Welche Pläne reifen gerade in uns heran? Was erkennen wir, wo ist Veränderung und Wachstum nötig? Wem wollen wir die Meinung sagen? Was brauchen wir, damit wir wieder ruhig schlafen können und uns sicher fühlen?

Dünnwerden der Haut: Ja, wir werden in allen Bereichen unseres Lebens dünnhäutiger, feinfühliger, sensibler. Unsere

Haut zeigt, wenn wir uns überfordern. Sie ist der Spiegel unserer Seele. Wenn wir mit Substanzen in Berührung kommen, die nicht gut für uns sind, kann es sein, dass wir allergisch reagieren. So ist es auch mit Menschen, die uns nicht gut tun.

Schwindel: Bei all den Veränderungen, die wir gerade durchmachen, kann es einem im wahrsten Sinne des Wortes schwindlig werden. Das Tempo ist manchmal rasant, und wir wollen lieber alles beim Alten lassen. Manchmal schwindeln wir uns auch selbst an, wenn wir Situationen schön reden, die uns schon lange nicht mehr gut tun und einer Veränderung bedürfen. Müssen wir endlich damit aufhören, uns durchs Leben zu mogeln ohne klare Ziele zu haben?

Kopfschmerzen: Vielleicht setzen wir uns zu sehr unter Druck, können nicht loslassen und verkrampfen uns dabei. Es kann auch sein, dass unser „Kopfkino“ nicht aufhört und wir nur darüber grübeln, was werden wird und wie wir leben werden. Machen wir uns zu viele Gedanken, dass uns davon der Kopf schmerzt? Fehlt uns das Vertrauen, dass alles gut ist, wie es ist?

Vielleicht können wir unsere Befindlichkeitsstörungen als Aufforderung sehen, unser Leben zu ändern, wo es nötig ist und anzunehmen, wo es möglich ist.

Gott gebe mir die
Gelassenheit,
Dinge hinzunehmen,
die ich nicht ändern kann,
den Mut, Dinge zu ändern,
die ich ändern kann,
und die Weisheit,
das eine vom anderen
zu unterscheiden.

Foto: Fotolia/drubigphoto

Zeit für mich

Es wird Zeit, mich wieder
mir selbst zuzuwenden.
Es wird Zeit, zu begreifen,
dass ich dies bitter nötig habe.
Es wird Zeit, neue Kräfte und Energien
in mir zu wecken.
In meinem Körper, meinem Geist,
meiner Seele.
Es wird Zeit, mich selbst endlich
Wichtig zu nehmen.

Ingrid Schreiner (13)

3.2 Werte als Fundament unseres Lebens

Wenn wir in der Lebensmitte zurückschauen auf gelebtes Leben, Erfahrungen und Erkenntnisse, werden wir sehen, dass es bestimmte Werte waren, die uns gehalten haben auf diesem Weg.

Petra Altmann schreibt in ihrem Buch: „Vom Wert der Werte“: „Um gut gerüstet durchs Leben zu gehen, bedarf es eines Kanons an Grundwerten. Sie sind wichtig für die zwischenmenschlichen Beziehungen und sorgen dafür, dass man andere Menschen als ‚wertvoll‘ erachtet und umgekehrt auch selbst Wertschätzung erfährt. Denn mit einem solchen Handwerkskasten an bedeutenden Grundwerten ausgestattet, hat man eine Chance, sein Leben in Zufriedenheit gestalten zu können.“

Gerade in Krisen- oder Wachstumszeiten fragen wir nach den Werten, die unser Leben ausmachen. Wir reflektieren darüber, was uns wirklich wichtig ist und was uns einen Sinn im Leben gibt.

Wenn wir unseren Weg durch die Wechseljahre gehen, schauen wir zurück auf Jahre, die uns als junge Frau geprägt haben. Wir werden rückblickend erkennen, welche Werte uns Kraft gaben und ausmachten. Wir werden erkennen, welches die Diamanten in unserem Leben waren und begreifen, dass es nicht die großen Dinge und besondere Einstellungen waren, die uns glücklich machten, sondern die kleinen Gesten, bei denen wir uns anerkannt und geliebt fühlten.

Es sind Werte wie Dankbarkeit, Aufrichtigkeit, Offenheit und Ehrlichkeit, die uns im Alltag Halt geben und Vertrauen schaffen. Wenn ich selbst das Gefühl habe geborgen zu sein, kann ich diese Geborgenheit und Zuverlässigkeit an andere weitergeben. Für mich ist der Glaube an Gott ein wichtiger Wert, der mich trägt und immer wieder stärkt, wenn ich verzweifelt und mutlos bin.

Werte sind die tragenden Säulen, die unserem Lebenshaus den Halt geben

Bei der Inventur, die in den Wechseljahren angesagt ist, werden wir wahre Schätze an Werten in uns entdecken, die wir als selbstverständlich ansahen und doch so prägend für unser Leben sind. Deshalb ist nun die Zeit, wo wir dankbar erkennen, was uns ausmacht und wer wir sind, mit all unseren Werten, die wir leben.

Die besten und schönsten Dinge auf der Welt
kann man weder sehen, noch anfassen.
Man muss sie mit dem Herzen fühlen.
Helene Keller

Auch ich habe in meinem Leben Rückschau gehalten und begriffen, welche Werte mich in all den Jahren geprägt und bestimmt haben. Dabei wurde mir deutlich, dass gerade die Werte, die mir als Kind und später als junge Frau am anstrengendsten erschienen, meine wahren Perlen sind. Sie ließen mich reifen.

Liebe

Liebe weckt in uns die Kraft,
die uns unser eigenes Geheimnis entdecken lässt.
Sie kann unser leeres Herz verwandeln
zu einem Ort von Licht und Herrlichkeit.

Anselm Grün (14)

Jeder Mensch braucht Liebe. Ohne Liebe würden wir verkümmern und verdorren, wie ein Grashalm in der Sonne, wenn der Regen ausbleibt. Das wertvollste und schönste Geschenk, das wir einem anderen Menschen machen können, ist ihn zu lieben. Das schönste Geschenk, das wir uns selbst machen können, ist auch uns zu lieben. Liebe bedeutet, dass wir uns gegenseitig wertschätzen, uns zum anderen hinwenden, für ihn da sind und ihm das Gefühl von Vertrauen und Geborgenheit geben. Liebe bedeutet, dass wir miteinander teilen, uns vertrauen und uns unterstützen. Liebe bedeutet auch, verzeihen zu können und in schlechten Zeiten zueinander zu stehen. Liebe will jeden Tag neu erlebt und erschaffen werden. Sie ist kostbar und nicht selbstverständlich. Der Satz Jesu: „Liebe deinen Nächsten, wie dich selbst“, bedeutet eben auch, gut zu sich selbst zu sein. Nur wenn du gut für dich selber sorgen kannst und dich so annehmen kannst, wie du bist, hast du die Kraft, auch deinem Nächsten Liebe zu schenken. Selbstannahme gibt uns das Maß für die Liebe zum Gegenüber.

Liebe ist alles,
sie ist Moll und Dur

Dankbarkeit

Für mich ist dieser Wert ein sehr wichtiger Bestandteil meines Lebens. Ich habe, so wie viele von uns, ziemlich alles erlebt, was man als Frau erleben kann. Ich ging durch Höhen und Tiefen, habe vielen Menschen geholfen und bekam viel Hilfe. Dankbarkeit ist mir sehr wichtig, denn durch sie drükken wir aus, wie wunderbar es ist, dass andere Menschen für uns da sind und uns unterstützen. Ohne andere Menschen wäre unser Leben trist. Dadurch, dass wir uns gegenseitig unterstützen, ist unser Leben reich und wir wachsen aneinander. Dieses kleine Wort „**DANKE**" vermag unsere Herzen zu berühren und kann starke Brücken bauen.

Achtsamkeit

Achtsam mit sich und anderen umgehen, ist eine große Aufgabe. Gerade wir Frauen waren stets bemüht, dass es unserer Familie, dem Ehemann, dem Chef oder anderen gut geht. Dabei haben wir uns oft vergessen und gingen nicht achtsam mit uns selbst um. Wir verlangten zu viel von uns. Der Preis für dieses Verhalten waren; Krankheiten, Erschöpfung, Depressionen und Befindlichkeitsstörungen, gerade in den Wechseljahren.

Achtsam mit sich selbst umzugehen bedeutet, zu hören, was uns Körper und Seele sagen wollen und sie wertzuschätzen. Wir müssen lernen, nicht 100 Dinge auf ein Mal zu tun, sondern das, was wir gerade machen, mit Bedacht zu erledigen. Nach dem Motto:

- Wenn ich esse, dann esse ich.
- Wenn ich schlafe, dann schlafe ich.
- Wenn ich arbeite, dann arbeite ich.
- Wenn ich mich erhole, dann denke ich nicht schon wieder an all die Dinge, die noch erledigt werden müssen.

Teilen

Miteinander zu teilen, ist eines der schönsten Werte, die Menschsen ausmacht. Mich hat dieses Teilen mein ganzes Leben geprägt und ich bin dankbar, dass es für mich so selbstverständlich und wichtig ist. In meiner Kindheit lebten wir in sehr bescheidenen Verhältnissen auf dem Lande. Meine Eltern arbeiteten in der Landwirtschaft und das Geld war knapp. So wurde alles geteilt, was auf den Tisch kam. Ich kann mich noch gut daran erinnern, wie meine Mutter zu uns Kindern sagte, wenn sie in der Weihnachtszeit eine Apfelsine schälte: „Mann muss immer teilen, sonst blutet dem anderen das Herz“. Diese Aussage hat mein Leben geprägt und was damals für mich als Kind manchmal nicht einzusehen war, wurde eine Selbstverständlichkeit. Ich finde es eine große Bereicherung im Leben, wenn wir Erfahrungen, Kraft, Freude, Leid und manchmal eine Apfelsine miteinander teilen können.

Gerade in meiner Arbeit habe ich es erlebt, wie Frauen aufblühten, wenn sie das Geschenk des Miteinander-teilens annehmen konnten.

Aufrichtigkeit

Wenn wir einem Menschen begegnen, der aufrichtig und wirklich authentisch ist, dann interessieren wir uns eher für ihn, als wenn er den Eindruck vermittelt, nur eine Rolle zu spielen. Wir selbst wollen auch so angenommen werden, wie wir sind, mit allen Facetten, die unser Menschsein ausmacht. Aufrichtigkeit bedeutet, wirklich aufrecht zu dem zu stehen, was ich bin und deutlich zu machen, wo meine Prioritäten liegen. Darum ist es Zeit, dass wir uns nicht verbiegen, sondern uns so zeigen, wie wir uns fühlen.

In meinen Vorträgen habe ich immer darauf geachtet, dass ich meinen Zuhörerinnen so begegne und mich zeige, wie ich nun mal bin. So hatten wir oft eine ganz persönliche Ebene, weil sie begriffen, dass ich die gleichen Freuden und Probleme habe, wie sie selbst. Für mich bedeutet Aufrichtigkeit auch, dass ich dazu stehe, dass ich Christ bin, egal ob es jemand hören will oder nicht. Für mich ist der Glaube an Gott nun mal der wichtigste Bestandteil meines Lebens, und deshalb stehe ich dazu.

Zuverlässigkeit

Selbst zuverlässig zu sein, ist für Menschen, die mit uns zu tun haben, ein wichtiger Wert. Gerade in der Familie, wenn du das Gefühl hast, hier bin ich willkommen und hier trägt man mich, ist dies ein wichtiges Fundament. Jeder von uns, der seine Eltern oder vielleicht seinen Partner schon verloren hat, weiß, welchen Einschnitt das für sein Leben bedeutet.

So lange wir Eltern haben, wissen wir, dass wir zu ihnen kommen können, wenn es mal stürmisch wird. Das gleiche Gefühl sollten wir auch unseren Kindern geben, damit sie ihre Wurzeln spüren und sich sicher fühlen.

Aber gerade Zuverlässigkeit unter Frauen, insbesondere Freundinnen, ist ein großer Schatz. Wenn wir uns vertrauensvoll an jemanden wenden können, der für uns da ist, dann bereichert das unser Leben.

Zuverlässigkeit und Treue bedeuten, dass wir Halt im Leben geben und bekommen.

Wenn wir zuverlässig sind, können wir ein verlässlicher Partner sein, können trösten, aufbauen und miteinander teilen. Wir können offen sein und ehrlich. Wir werden sicher die Wertschätzung anderer Menschen erfahren, die sich an uns orientieren.

Zufriedenheit

Zufriedene Menschen strahlen, sie ruhen in sich, weil sie wissen, dass alles gut ist, so, wie es ist. Für jeden von uns kann diese Zufriedenheit etwas anderes bedeuten. Doch gemeinsam haben wir wohl, dass wir uns geborgen und sicher fühlen in unserer Welt. Für den einen kann es nötig sein, eine gewisse Menge an Geld auf seinem Konto zu haben. Für den anderen ist es wichtig, dass er seine Familie und Freunde um sich herum versammelt weiß. Zufriedene Menschen sind mit sich im Reinen und können sich so annehmen, wie sie sind.

Ja, sie wissen, dass sie geliebt und unterstützt werden. Für mich bedeutet Zufriedenheit, immer wieder nach Hause kommen zu dürfen. Zu wissen, dass ich eine Familie habe und gute Freunde, die mich halten, wenn es mal stürmisch kommt. Zufriedenheit können für mich meine Tasse grüner Tee am Morgen mit meinem Mann und ein Spaziergang allein in meinem Büdinger Wald sein. Zufrieden bin ich, wenn ich abends bete und all meine Ängste vor Gott bringen darf.

Gerechtigkeit

Wohl dem, der zufrieden sein kann und nicht immer Ausschau hält nach dem Noch-mehr, Noch-größer und Noch-schneller

Gerade in den Wechseljahren hat dieser Begriff „Gerechtigkeit" für uns eine prägende Rolle. Viele von uns spüren, dass nicht alles gerecht war, was sie in ihrem Leben erlebt haben. Wir fragen uns vielleicht, warum Hausfrauen immer noch nicht dieselbe Achtung wie Berufstätige bekommen (Obwohl sie den ganzen Tag Kinder und Haushalt versorgen!). Wir spüren, dass wir vieles mit uns machen ließen, was für uns nicht gerecht war, nur weil wir Angst hatten, NEIN zu sagen und um die Anerkennung unserer Familie bangten. Umso wichtiger ist es für uns, dass wir eintreten für Gerechtigkeit in unserem persönlichen Umfeld, in Politik und Gesellschaft und in den Kirchen.

Wenn jeder sich einsetzt für Gerechtigkeit und Anerkennung, können wir die Welt ein bisschen besser machen.

Glaube

Jeder von uns weiß, dass gerade in den Zeiten der Not und Verzweiflung der Glaube ein letzter Strohhalm sein kann, an den wir uns klammern. Doch für uns Christen ist er mehr als das. Wir dürfen hoffen und wissen, dass wir von Gott gehalten sind und geliebt. Wenn wir das Gefühl haben, dass niemand mehr da ist, können wir uns im Gebet an Gott wenden und unsere Sorgen abgeben. Der Glaube ist ein Fundament, auf das wir uns stützen können, wenn alles um uns herum einzustürzen erscheint.

Glaube versetzt Berge

Für mich persönlich wäre ein Leben ohne den Glauben an Gott nicht vorstellbar. Ich bin dankbar, dass ich jeden Abend im Gebet danken darf, für alles, was mir an diesem Tag geschenkt wurde. Wenn ich ängstlich bin, spreche ich zu Gott, wie zu einem Freund. Wichtig ist, dass wir das Vertrauen haben, dass alles einem göttlichen Plan folgt. Der beste Beweis ist die Schöpfung, zu der wir gehören, sie ist von Gott auf wunderbare Weise geordnet. Ich fühle mich glücklich, Gottes Tochter zu sein und dass er mir immer wieder den Weg weist, wenn ich manchmal nicht mehr weiter weiß. Glaube bedeutet Unterstützung im Leben und Sterben, darum nehmt diese Hilfe an!

Foto: Fotolia/Reena

3. 3. Schön, dass es mich gibt

Die Wechseljahre werden uns auffordern, Bilanz über den Inhalt unseres Lebens zu ziehen. Es können Gefühle auftreten, die uns zeigen, dass wir nicht immer sorgsam mit uns umgegangen sind. Wir werden erkennen, dass uns das Wohl unserer Familie und des sozialen Umfeldes wichtiger war, als unser eigenes. Wir erinnern uns an unsere Kindheit und Jugend. Wir sehen, dass wir damals unbeschwert und fröhlich sein konnten. Wir werden uns fühlen wie das junge Mädchen, das lebensfroh tanzen und singen konnte. Wo ist diese Unbeschwertheit geblieben?

Wann blieb unser Vertrauen auf der Strecke?

Warum haben wir uns vielleicht verloren und unseren eigenen Wert nicht mehr wahrgenommen?

Bei meinen Vortragsreisen zu Kirchengemeinden und Treffen mit ganz wunderbaren Frauen fällt mir immer wieder auf, dass wir Frauen selten mit uns selbst und unserer Körperlichkeit zufrieden sind. Für andere haben wir Komplimente oder beneiden sie. Wir wertschätzen sie wegen ihrer Figur, dem anmutigen Aussehen, der Bildung oder wegen des Lebens, das sie führen. Wir haben das Gefühl, dass sie bessere Ehemänner, dankbarere Kinder und natürlich nicht so viel Arbeit wie wir haben. Wir selbst fühlen uns zu dick, zu langweilig und zu unbedeutend.

Wann haben wir das letzte Mal in den Spiegel gesehen und gesagt: „He, du, ich freue mich, dass wir heute den Tag miteinander verbringen dürfen. Schön, dass es mich gibt"?

Haben wir in letzter Zeit einmal überlegt, wie toll es für unsere Familie, die Freunde und unsere Kollegen ist, dass es uns gibt? Wie farblos wäre dieses Leben ohne uns?

Hast du schon mal darüber nachgedacht, dass Gott sich etwas dabei gedacht hat, dass er gerade dich hierher gestellt hat?

Sollten wir nicht einfach mal jubeln und rufen: „Toll, dass es mich gibt, das ist wirklich ein Segen!"

Wie viele Hindernisse haben wir bereits überwunden und was haben wir nicht alles schon geschafft.

Wie viele Freuden werden zertreten,
weil die Menschen meist nur in die Höhe gucken und
was zu ihren Füßen liegt, nicht sehen.
Goethes Mutter

Die wichtigste Frage ist, was wir selbst uns wert sind

Menschen unterscheiden sich darin, was sie selber von sich halten und wie sie ihr Leben bewerten. Es ist immer die Sicht auf die Dinge, die uns glücklich oder verzweifelt sein lässt. Es ist normal, dass wir ab und zu an uns zweifeln oder unzufrieden mit uns sind. Das kann auch der Motor sein, der uns antreibt zu besonderen Leistungen und zu Veränderungen in unserem Leben. Doch wenn wir unseren Fokus nur auf unsere Fehler und Schwächen setzen, bremsen wir uns selbst aus und kommen nicht voran. Ein stabiles Selbstwertgefühl ist die Basis für Wohlbefinden, Zufriedenheit und Glück. Menschen, die eine positive Meinung von sich haben, kommen leichter durchs Leben. Das ist ein Erfahrungsschatz, der uns helfen kann.

Warum denken die einen eher positiv von sich und andere eher negativ? Gerade bei Frauen ist dieses Phänomen negativer Assoziationen weit verbreitet. Vielleicht waren unsere Eltern überfordert und konnten uns nicht die Liebe und Fürsorge geben, die wir gebraucht hätten. So haben wir uns das ganze Leben angestrengt, gute Töchter zu sein. Immer darauf bedacht, angepasst und liebenswert zu sein. Denn wir mussten ja unser Dasein rechtfertigen. Wir waren nicht der erwartete Sohn!

Selbstvertrauen ist sehr schwer zu entwickeln, wenn wir ein Leben lang das Gefühl hatten, dass man uns nicht viel zutraute. Wenn unser Wert über unsere Leistung definiert wird, haben wir es schwer, uns selbst einfach dafür zu lieben, dass es uns gibt. Wir haben vielleicht alles getan, dass man uns sah und wahrnahm. Immer in dem Glauben, dass wir uns Liebe und Anerkennung verdienen müssten. Nun stehen wir in der Mitte des Lebens und spüren, dass da irgendetwas nicht stimmen kann. Wir

SELBSTVERTRAUEN
heißt, ich traue mir was zu

sind erschöpft, ausgebrannt und fassungslos darüber, was wir alles mit uns haben machen lassen. Frauen in den Wechseljahren bäumen sich auf gegen alle Ungerechtigkeiten und Erniedrigungen, die ihnen Narben auf die Seele gebrannt haben. Sie werden rebellieren und nach neuen Wegen suchen, die sie hinführen zur Achtung des eigenen ICH.

Foto: Fotolia/Reena

Ich

Etwas in mir begehrte auf,
ganz leise, kaum wahrnehmbar
machte es sich bemerkbar.
Ich ignorierte es, wollte es nicht wahrhaben.
Da schrie es aus mir heraus
Und wollte befreit werden.
Und jetzt will es leben.
Ich

Ingrid Schreiner (15)

Doch nun sind wir erwachsene Frauen. Wie gelingt es uns, das eigene ICH wertzuschätzen und unser Selbstwertgefühl zu stärken?

Sich so anzunehmen, wie man ist ohne Wenn und Aber, ist die größte Herausforderung.

Wir dürfen durch Ängste gehen, hinfallen und wieder aufstehen. Das macht uns stark.

Wir brauchen Verbündete auf diesem Weg, die uns immer wieder den Rücken stärken und unsere Vertrauten sind.

Sich selbst Anerkennung zu geben, wenn die Ziele erreicht sind, ist ein guter Schritt auf dem Weg zur gesunden Eigenliebe.

Immer wieder die eigene Komfortzone zu verlassen und neue Dinge auszuprobieren, egal in welchem Bereich, das erweitert den Radius und macht uns mutiger. Je größer der Radius wird, in dem wir uns bewegen, um so selbstbewusster werden wir.

Alles beginnt mit dem ersten Schritt!

Wichtig ist, dass wir uns als Persönlichkeit so zeigen, wie wir sind und authentisch bleiben. Keine Rollen mehr! Jeder Mensch ist einzigartig und deshalb grandios, so wie Gott ihn geschaffen hat. Wir müssen uns und anderen nichts beweisen. Wir haben unsere Talente und Schwächen. Das macht uns aus.

Wichtig ist, dass wir uns fragen, was wir uns wünschen und wie wir unser Leben gestalten wollen. Vielleicht kann dabei eine Liste helfen, auf der wir notieren, was uns eigentlich glücklich macht und was uns auftanken lässt. Wer oder was füllt uns unsere Batterien?

Meine Lebenswertliste oder was macht mein Leben wertvoll:

- Früh aufstehen und den Vögeln lauschen.
- Mit Genuss meinen grünen Tee zum Frühstück trinken.
- Im Wald meine Laufstrecke genießen.
- Meine Freundinnen treffen und gemeinsam plaudern.
- Von meinem Mann gestreichelt werden.
- In Holland Urlaub machen und Fahrrad fahren.
- Abends im Gebet danken und meine Ängste vor Gott bringen.
- Gute Bücher lesen.
- Interessante Menschen treffen und Erfahrungen austauschen.
- Reisen und sehen, was es neu zu entdecken gibt.
- Tanzen allein, zu zweit oder in einer Gruppe.
- Im Zug aus dem Fenster sehen und staunen, wie schön unser Land ist.
- Mich über den Besuch meiner Kinder freuen.
- Wenn ich Spuren hinterlassen habe bei den Frauen, die ich beraten habe - Glück pur erleben.
- Apfelkuchen mit Schlagsahne.

Das alles und noch viel mehr bin ich mir wert und es macht mich glücklich.

Es liegt an uns,
wie schwer wir das nehmen,
was uns widerfährt.
Wir können uns in unser Unglück hineinsteigern
und am Sinn unseres Lebens zweifeln,
oder wir können es als Herausforderung nehmen,
an der wir wachsen können.
Das Glück liegt in unserem Herzen.
Wir haben die Wahl.

Anselm Grün (16)

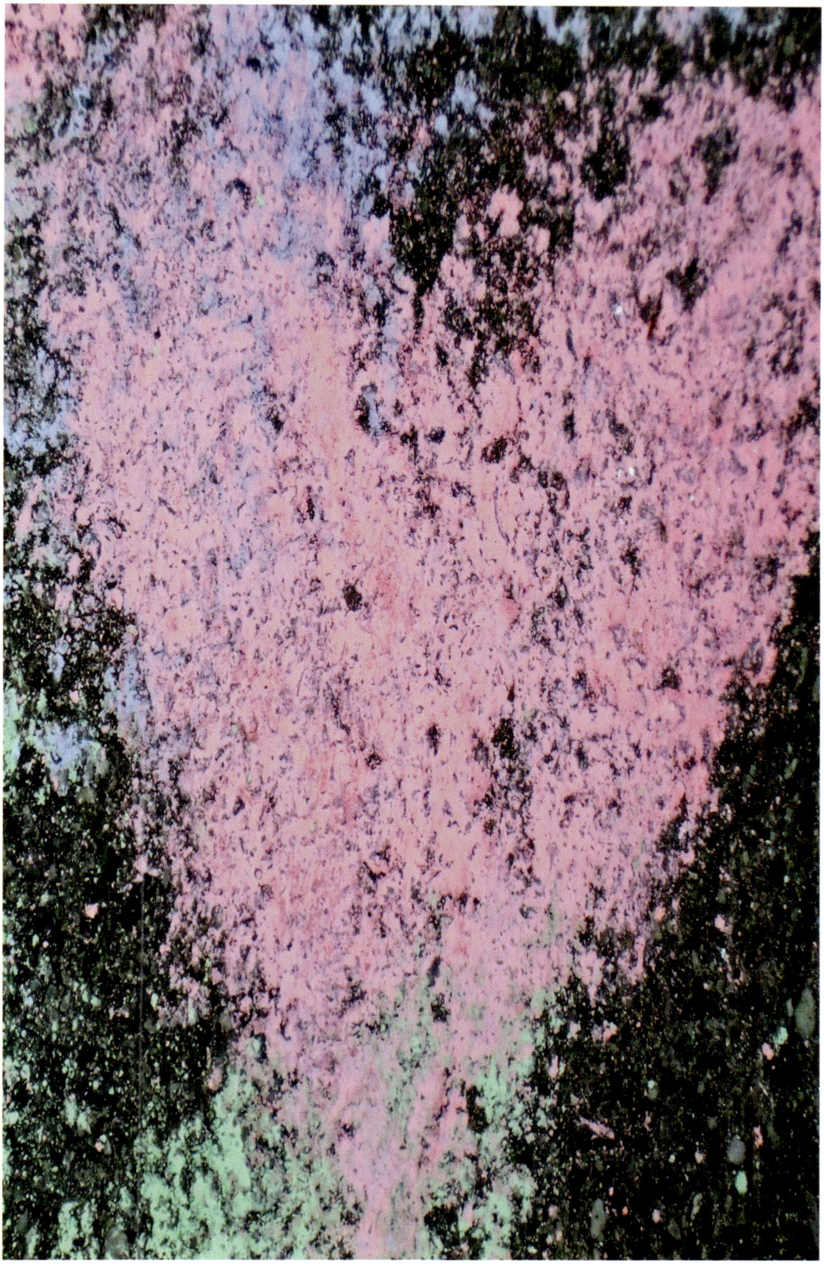

Sich selbst zu lieben klingt zunächst selbstverständlich. Doch praktizieren wir das auch? Gerade wir Christinnen haben oft gehört: „Liebe deinen Nächsten, wie dich selbst." Meist haben wir dann mit dem Nächsten angefangen und uns zurückgenommen. Wichtig ist, dass wir uns unsere Wünsche eingestehen und das Leben führen, dass unserem Ich entspricht. Jesus geht in seinem Wort davon aus, das wir uns selbst lieben. Er will uns sagen, dass wir zum Nächsten genau so gut sein sollen, wie zu uns selbst. Dann stimmt die Balance in unserem Leben.

Sich selbst zu lieben bedeutet:

- Ich darf mich mögen mit all meinen Facetten.
- Ich darf erfolgreich sein oder nicht.
- Ich darf emotional sein, lachen und weinen ohne Rechenschaft abzulegen, warum ich es jetzt tue.
- Ich darf älter werden und mich auch mit meinen Falten und grauen Haaren lieben.
- Ich darf mutig zur Tat schreiten oder auch mal zögern, wenn ich Angst habe.
- Ich darf aus der Reihe tanzen, wenn ich Lust dazu verspüre oder doch lieber ruhig sein.
- Ich darf meine eigene oder die ganze Welt verändern wollen, wenn mir danach ist oder mich an dem erfreuen, was momentan geschieht.
- Ich allein bestimme die Richtung in meinem Leben. Ich habe immer die Wahl.
- Das Leben ist ein Geschenk, das wir von Gott erhalten haben.

Machen wir das Beste daraus.

Ja, es ist schön, dass es mich und euch gibt. Wenn wir das Leben als Geschenk und Möglichkeit zum Reifen begreifen, kann der Weg sehr spannend und erfüllt sein. Ich bitte jeden Tag um Gottes Segen, dass er mich unterstützt auf dem Weg zum eigenen ICH. Und ich habe diesen Segen so oft gespürt, wenn ich an mir selbst gezweifelt habe und ängstlich war.

CARPE DIEM - nutze den Tag und verschwende keine Zeit, denn sie wird mit zunehmenden Jahren immer kostbarer

Frauensegen

Gottes Segen komme zu uns Frauen,
dass wir stark sind in unserer schöpferischen Kraft,
dass wir mutig sind in unserem Recht.
Gottes Segen komme zu uns Frauen,
dass wir NEIN sagen, wo es nötig ist,
dass wir JA sagen, wo es gut ist.
Gottes Segen komme zu uns Frauen,
dass wir schreien, wo Unrecht ist,
dass wir schweigen, wo Entsetzen ist.
Gottes Segen komme zu uns Frauen,
dass wir die Weisheit suchen und finden,
dass wir Klugheit zeigen und geben.
Gottes Segen komme zu uns Frauen,
dass wir die Wirklichkeit verändern,
dass wir das Lebendige fördern.
Dass wir Gottes Mitstreiterinnen sind auf Erden.

Hanna Strack

3.4. Nachwort

Ja, liebe Freundin, du hast mich begleitet auf meinem Weg durch die Wechseljahre. Vielleicht ging es dir wie mir und du hast dich in mancher Ausführung wiedererkannt. Vielleicht bist du eine von den Frauen, die zu den 30% gehört, die keine Probleme in den Wechseljahren hat. Dann gratuliere ich dir und bitte dich, vielleicht für andere da zu sein, denen es nicht so geht und die zu kämpfen haben.

Wenn du zu den 70% der Frauen gehörst, die manchen Sturm zu bestehen haben, dann fühle dich von mir „gewertschätzt" und verstanden. Ich wünsche dir, dass du dich so annehmen kannst, wie du bist. Dass du die Chance der Wechseljahre für dein persönliches Wachstum erkennst und nutzt.

Schließe dich mit anderen Frauen zusammen, tauscht euch aus und haltet euch. Du wirst erkennen, was du ändern musst, damit du über den Fluss dieser „Wechselzeit" gelangst und gesund in den Herbst deines Lebens gehen kannst.

Lass los, was nicht mehr zu dir gehört.
Gehe mutig deinen Weg und
wertschätze, was dich ausmacht.
Ich wünsche dir dabei Gottes reichen Segen
und gute Menschen um dich herum.

Christina Tabbert-Trebing September 2013

4. Hilfsangebote

4.1 Literaturliste/Quellen

Julia Onken, Feuerzeichenfrau
Julia Onken, Herrin im eigen Haus
Julia Onken, Altweibersommer
Feministisches Frauen-Gesundheitszentrum e.V., Berlin, Wechseljahre
Dr. Christiane Nortrupp, Wechseljahre
Annette Bopp, Eine unverwechselbare Zeit
Rina Nissim, Wechseljahre-Wechselzeit
Andrea A. Kaffka, Wechseljahre-Wandlungsjahre
Petra Altmann, Vom Wert der Werte
Linda Jarosch, Ab morgen trage ich rot
Marieluise Bierbaum, Mütter und Töchter
Sabine Standenat, Lerne dich selbst zu lieben, dann liebt dich das Leben
Bärbel Moor, Das Wunder der Selbstliebe

4.2 Adressen

Frauenseminar Bodensee, CH-Romanshorn
Feministisches Frauen-Gesundheitszentrum e.V., Berlin

Kursleiterin für Wechseljahre: Christina Tabbert-Trebing, 63654 Büdingen,Tel. 06042 956614

4.3 Anmerkungen

1 Ingrid Schreiner, Achterbahn der Lebensmitte, Texte für bewegte Frauen, Echter-Verlag, „Abschied“, S. 33.

2 Ingrid Schreiner, Achterbahn der Lebensmitte, Echter-Verlag, „Ich lebe“, S. 110.

3 Ingrid Schreiner, Achterbahn der Lebensmitte, Echter-Verlag, „Veränderungen“, S. 64.

4 Marieluise Bierbaum, Mütter und Töchter, Brunnen, 2011, S.42.

5 Anselm Grün, Jeder Tag ein Weg zum Glück, Herder, 2005, „Zugvögel“, S. 133.

6 Christiane Nortrupp, Wechseljahre, Selbstheilung, Veränderung und Neuanfang in der zweiten Lebenshälfte, Verlag Zabert-Sandmann, München 2001, S. 281.

7 Ingrid Schreiner, Achterbahn der Lebensmitte, Echter-Verlag, „Warum“, S. 31.

8 Christiane Nortrupp. s.o.

9 Julia Oncken, Feuerzeichenfrau, Goldmann-Verlag.

10 Lotti Huber, in: Nina Sträter, Eine Freundin wie du, Coppenrath, 2012, (ohne Seitenangabe).

11 Verena Kast, Lob der Freundin, Kreuz-Verlag.

12 Marlies Rauch, in: Nina Sträter, Eine Freundin wie du, Coppenrath, 2012, „An meine Freundin“ (ohne Seitenangabe).

13 Ingrid Schreiner, „Achterbahn der Lebensmitte“, Echter-Verlag, S. 88, „Zeit für mich“.

14 Anselm Grün, Jeder Tag ein Weg zum Glück, Herder, 2005, S.78.

15 Ingrid Schreiner, „Achterbahn der Lebensmitte“, Echter-Verlag, S. 59, „Ich“.

16 Anselm Grün, Jeder Tag ein Weg zum Glück, Herder, 2005, S.145.

Herzlichen Dank an den Echter-Verlag, Würzburg, der uns den Abdruck der Gedichte von Ingrid Schreiner freundlicherweise gestattete.
Wir empfehlen das Buch gern zur Lektüre.

Ingrid Schreiner
Achterbahn der Lebensmitte,
Texte für bewegte Frauen,
Echter Verlag,
Würzburg

In jeder Buchhandlung oder direkt bei Wort im Bild, Altenstadt

Ingrid Schreiner schreibt zu ihrem wundervollen Buch:

„Seit ich die Herausforderungen dieser aufregenden Zeit bewältige, die mir oft mehr abverlangen, als ich glaube, verkraften zu können, lebe ich mein Leben in einer ganz neuen Intensität. Bewusster und aufmerksamer als früher genieße ich jeden kleinen Glücksmoment, denn ich weiß, er kann in jedem Moment einem Schicksalsschlag weichen.
Mehr und mehr gleicht die Reise durch mein Leben der abenteuerlichen Fahrt einer Achterbahn, die mich pausenlos in Atem hält. Neue Wegstrecken, unerwartete Wendungen, steile Kurven, aufregende Erlebnisse, herrliche Aussichten, rasendes Tempo, gefährliche Abgründe, berauschende Gefühle - dies alles hält mir Tag für Tag vor Augen, wie schön und wie gefährlich das Leben ist.
Wie beruhigend, dass es nach jeder Talfahrt wieder aufwärts geht. Wie gut, dass die Achterbahn hin und wieder stehenbleibt und mir eine Atempause gönnt. Wie aufregend, dass nach jedem Stillstand eine neue Fahrt beginnt.

Best.Nr. 878.855
Christina Tabbert-Trebing

Freundinnen wie wir

Verlag Wort im Bild, Altenstadt/Hessen

In jeder Buchhandlung oder direkt bei Wort im Bild, Altenstadt

Freundschaften sind für Frauen ein wichtiger Bestandteil ihres Lebens. Dieses Heft will Dank sagen an Freundinnen und sie wertschätzen. Eine wertvolles Veröffentlichung für die Frauenarbeit in der Gemeinde, aber auch als ganz persönliches Geschenk für Mitarbeiterinnen in der Kirche, Gemeindekreisen, aber auch privat.
Frauen stellen in Kirchen und christlichen Gruppen die Mehrheit, aber ihr Beitrag genießt allgemein zu wenig Wertschätzung.
Christina Tabbert-Trebing ist Referentin für Frauenthemen und hält Vorträge in Kirchengemeinden u.a. auch zum Thema: Freundinnen. Für Frauen aller Altersgruppen geschrieben!

Verteilheft A 5, 20 Seiten, viele Farbfotos.